Omega-3

Das Wellness-Kochbuch

Impressum

HEEL Verlag GmbH
Gut Pottscheidt
53639 Königswinter
Tel.: 02223/9230-0
Fax: 02223/9230-13
Internet: www.heel-verlag.de
E-Mail: info@heel-verlag.de

Deutsche Ausgabe:
© 2005 HEEL Verlag GmbH, Königswinter

Niederländische Originalausgabe:
© 2003 Miller Books
www.miller-books.com

Autorin: Margriet van Aalten
Fotografie: www.Bartnijs.nl, Johan Fonk, Ewout Huibers, Remco Lassche, Martin van Lokven
Food: Rob Beernink
Mit Dank an: Edmée Trumpis, Jessica Verbruggen

Deutsche Übersetzung: Christine Petry, Bonn
Lektorat: Petra Hundacker
Satz: Isabelle Krauskopf, Königswinter
Druck und Verarbeitung: Koelblin-Fortuna-Druck GmbH & Co. KG, Baden-Baden

Printed and bound in Germany

ISBN 3-89880-513-1

MARGRIET VAN AALTEN

Omega-3

Das Wellness-Kochbuch

HEEL

Inhalt

Vorwort

Wir alle möchten uns gesund ernähren, aber gelingt es uns auch? Nein, aber Sie müssen sich nicht schuldig fühlen. Es liegt nicht an Ihnen. Wie sollten Sie als Verbraucher genau wissen, was gesund ist, wie eine ausgewogene Ernährung aussieht, wenn sich selbst die Wissenschaftler nicht einig sind? Ständig gibt es neue wissenschaftliche Erkenntnisse zum Thema Ernährung.

In den Niederlanden ist es der Gesundheitsrat*, der diese Entwicklungen für uns verfolgt und gegebenenfalls Konsequenzen in den so genannten Ernährungsrichtlinien zieht. Im November 2001 präsentierte man einen Bericht, auf dessen Basis neue Ernährungsrichtlinien aufgestellt wurden. Diese unterscheiden sich deutlich von den zuvor aktuellen aus dem Jahr 1992. Die größte Veränderung spielte sich im Bereich der Fette ab. Zum ersten Mal wurden beispielsweise Alpha-Linolensäure (die so genannte Mutterfettsäure der Omega-3-Familie) und Fischfettsäuren (aus derselben Familie) als separate Kategorie aufgelistet.

Bis zum heutigen Tag wird Fett (in welcher Form auch immer) von vielen als der große Übeltäter bei der Entstehung von Herz- und Gefäßkrankheiten angesehen. Aber so einfach ist das nicht. Einige Fettsäuren haben in der Tat einen negativen Effekt auf das Herz und die Blutgefäße. Aber damit ist noch lange nicht gesagt, dass wir sämtliche Fette von unserem Teller verbannen müssen, um die richtigen Voraussetzungen für ein gesundes Leben zu schaffen. Denn Fett ist einfach unverzichtbar für unseren Körper. Darum empfiehlt der Gesundheitsrat auch nicht, den Fettverzehr insgesamt einzuschränken, sondern differenziert in gute und weniger empfehlenswerte Fette.

Von einigen Fettsäuren sollten wir weniger aufnehmen, von anderen wiederum mehr. Zum ersten Mal gibt der Gesundheitsrat dabei auch getrennte Richtlinien für die mehrfach ungesättigten Fettsäuren Omega-6 und Omega-3 vor. Wenn wir die Richtlinien des Gesundheitsrates ernst nehmen würden, müssten viele von uns ihre Essgewohnheiten ändern.

Aber was nützen uns die neuen Erkenntnisse und Ernährungsrichtlinien, wenn wir nicht wissen, wie man sie in der Küche umsetzen soll? Vielleicht ist folgende Anekdote typisch: Bei einem Treffen von Ernährungsexperten im November 2001 hielt Hans Brug, Professor für Ernährungsverhalten an der Universität von Maastricht in den Niederlanden, einen Vortrag über die Ernährungsumstellung. Was bringt Menschen dazu, ihr Essverhalten zu ändern, fragte er seine Zuhörer. Denn Aufklärung allein reicht nicht, so seine Meinung. Wenn es um Essen und Trinken geht, scheinen Emotionen und Traditionen eine wichtige Rolle zu spielen. Brug nannte als Beispiel den „Vlaai", eine Kuchenspezialität aus seiner Heimat, die er bei Familienbesuchen weder abschlagen kann noch möchte, obwohl er als Experte genau weiß, dass dieser Kuchen nicht gerade zu den besonders gesunden Nahrungsmitteln gehört.

* Der Gesundheitsrat ist ein Beratungsorgan, dessen Aufgabe darin besteht, Regierung und Parlament in Angelegenheiten zu beraten, die die Gesundheit der Bevölkerung betreffen. In den Ratschlägen „Ernährungsnormen, Energie, Eiweiße, Fette und essbare Kohlehydrate" vom Juli 2001 revidiert der Gesundheitsrat die Ernährungsnormen, die er 1992 festgesetzt hat.

Daneben verwies er auf die Tatsache, dass zahlreiche Menschen der festen Überzeugung sind, sich gesund zu ernähren, und nicht ahnen, dass sie ihr Essverhalten völlig falsch einschätzen. Und selbst diejenigen, die sich ihrer schlechten Ernährungsgewohnheiten bewusst sind, wissen häufig nicht, wie sie diese ändern sollen.

Hans Brug schloss daraus, dass man den Menschen nicht nur die Theorie vermitteln, sondern ihnen auch praxisnahe Änderungsmöglichkeiten anbieten muss. Der wichtigste Faktor für eine erfolgreiche Ernährungsumstellung ist, so Brug, die „Geschmackserwartung". Schmeckt es oder schmeckt es nicht? Das ist die entscheidende Frage. Erst an zweiter Stelle kommen Argumente wie „das ist gut für die Gesundheit".

Omega-3 informiert Sie in leicht verständlicher Sprache über neueste wissenschaftliche Erkenntnisse zu den (Omega-)Fettsäuren und erklärt, warum diese so gut für Ihre Gesundheit sind. Aber der größte Teil des Buches ist der praxisnahen Anwendung dieser Theorie gewidmet. Dies geschieht in 80 Rezepten,

die – so haben wir nach ausgiebigen Tests festgestellt – die „Geschmackserwartung" auf das Beste befriedigen.

Omega-3 bringt Sie nicht nur auf den neuesten Stand in Sachen gesunder Ernährung, sondern gibt auch allerlei Tipps, nützliche Informationen und alles, was Sie brauchen, um das Gelesene in die Tat umzusetzen. Es handelt sich nicht um ein Diätbuch, denn Sie finden hier kaum Lebensmittel, die Sie nicht verzehren sollen. Es geht uns in diesem Buch um die richtige Balance, das richtige Verhältnis. Nicht allein zwischen den Fettsäuren Omega-3 und Omega-6, sondern auch zwischen gesunder Ernährung und Genuss. Denn das Wichtigste für uns ist, ein delikates Gericht in einer Runde netter Menschen zu genießen. *Omega-3* ist ein unverzichtbares Kochbuch für jeden, der gesund und schmackhaft speisen möchte.

Gerard Reijmer,
Vorsitzender der Redaktion

Die mediterranen Grundlagen

Essen ist Lebensart

Gesunde Ernährung und ausreichend Bewegung sind wichtige Voraussetzungen für ein langes und gesundes Leben. Dies wird niemand abstreiten. Man muss nur einen Blick in die Zeitschriftenauslagen werfen, sich in einer Buchhandlung umschauen oder im Internet surfen, um zu sehen, dass das Thema Gesundheit boomt.

Was ist gesund?

Die Frage ist nur, was genau ist Gesundheit? Und wann kann man von einer gesunden Ernährung sprechen? Wenn man nach der Montinac-Diät lebt, ab und zu eine Saftkur macht oder sich nach der Blutgruppendiät richtet? Oder ist vielleicht eine heftige Crashdiät oder eiweißreiche Ernährung die Lösung? Es gibt unzählige Theorien darüber, was gut oder schlecht für den Menschen ist. Denkt man dann noch an die Lebensmittelskandale, mit denen sich die westliche Welt in den letzten Jahren konfrontiert sah, dann ist es nicht verwunderlich, dass wir manchmal die Orientierung verlieren. Es ist eigentlich verrückt: Wir wissen ganz genau, wie wir auf dem Mond landen können oder wie eine Penicillinbehandlung wirkt, aber es scheint ausgesprochen kompliziert, Klarheit über die Auswirkungen der Nährstoffe zu gewinnen. Offensichtlich kann man in Bezug auf Ernährung nicht eindeutig von „gut" oder „schlecht" sprechen.

Schön frisch

Mittlerweile kommen im Gefolge der verschiedenen Gesundheitslehren immer mehr Produkte auf den Markt, die an unser Bedürfnis nach Gesundheit appellieren: „Functional food" wie Joghurt mit spe-ziellen Bakterienkulturen oder Nahrungsergänzungsmittel, für die Vitamintabletten das bekannteste Beispiel sind. An sich sind dies alles nützliche Produkte. Aber wir entfernen uns immer weiter von den schmackhaften, frischen Lebensmitteln, die schon von Natur aus alles enthalten, was für eine gesunde Ernährung erforderlich ist.

Ganz unkompliziert

Für seine Gesundheit kann man selbst etwas tun. Auch ohne Hilfe von „Functional food" oder Nahrungsergänzungsmitteln. Einfach durch gesunde Ernährung und ausreichend Bewegung. Das bedeutet, dass wir nicht erst dann unsere Aufmerksamkeit auf den Körper richten, wenn das gesunde Lebensgefühl schon Unwohlsein oder Schmerzen gewichen ist. Nein, all dem können wir durch eine möglichst ausgewogene Ernährung vorbeugen, Woche für Woche. Dies muss kein unmögliches Unterfangen sein. Auch gesund essen kann Spaß machen, stressfrei und unkompliziert sein. Vor allem dann, wenn es uns genau an das erinnert, was wir während unserer Ferien am Mittelmeer besonders genießen. Denn dort weiß man besser als irgendwo sonst, dass Gerichte nicht nur aus Lebensmitteln bestehen, sondern auch eine Lebenskultur widerspiegeln: sorglos, gesund und schmackhaft.

Aus dem Gleichgewicht

Gesundes Essen auf der Grundlage frischer Produkte – vor allem in den Ländern rund um das Mittelmeer ist man darin sehr erfahren. Italiener, Franzosen und Kreter verzehren täglich eine große Vielfalt an Gemüse und Früchten sowie Olivenöl, Fisch, Hülsenfrüchte, Joghurt, Nüsse, Käse, Wein und Getreide-

produkte und gehen lediglich mit Fleisch sparsam um. Und ihnen geht es ausgesprochen gut damit!

Munter wie ein Fisch

Eine große internationale Studie aus den 60er Jahren, bei der männliche Versuchspersonen über 15 Jahre begleitet wurden, hat gezeigt, dass vor allem Männer von der Insel Kreta sich einer besonders guten Gesundheit erfreuten. Sie waren körperlich wesentlich leistungsstärker als der Rest der insgesamt 12.000 untersuchten Männer aus sieben Ländern (dem griechischen Festland, Italien, den Niederlanden, Finnland, dem ehemaligen Jugoslawien, Japan und den Vereinigten Staaten). Die Kreter besaßen im Vergleich zu den Amerikanern ein um 50% geringeres Krebsrisiko und ein um 80% reduziertes Risiko, an den Herzkranzgefäßen zu erkranken.

Die Kreta-Diät

Noch auffallender sind die Ergebnisse einer mittlerweile berühmten französischen Studie aus dem Jahr 1994. Darin wurden mehr als 600 Personen untersucht, die einen Herzinfarkt erlitten hatten. Der einen Hälfte wurde anschließend eine Diät nach den Vorgaben der American Heart Association (AHA)

Canolaöl

Canolaöl (Canada Oil Low Acid) wird aus Rapssamen gepresst. Dieses Öl hat einen besonders niedrigen Gehalt an gesättigten Fettsäuren und einen hohen Anteil an einfach ungesättigten Fettsäuren und Omega-3-Fettsäuren. In den USA und Kanada wird dieses Produkt in Kombination mit Omega-3-reichen Produkten verwendet. Fragen Sie in Ihrem Bioladen oder in Ihrem Reformhaus nach.

---

verschrieben, die andere Hälfte sollte sich nach der so genannten Kreta-Diät ernähren. Dabei wurden ausschließlich Olivenöl und Canolaöl (siehe Kasten) als Fette verwendet. Auch enthielt diese Ernährung mehr Gemüse, Fisch, Getreide und Früchte und weniger rotes Fleisch. Die Diät nach den Empfehlungen der AHA enthielt 30% Fett, das heißt, dass die Versuchspersonen 30% der aufgenommenen Kalorien aus Fett bezogen. Bei der so genannten Kreta-Diät lag dieser Anteil höher, nämlich bei 35%. Das Ergebnis: Diejenigen, die sich nach den Ernährungsempfehlungen der AHA richteten, hatten ein um 76% höheres Risiko, einen zweiten Herzinfarkt zu erleiden, als die Personen aus der Kreta-Diät-Gruppe. Kein Wunder, dass die Wissenschaftler sich genötigt sahen, die Studie aus ethischen Gründen abzubrechen.

„Sie" und „wir"

Die Erklärung für die oben genannten bemerkenswerten Ergebnisse ist in den Unterschieden zwischen dem mediterranen und dem westeuropäischen(*) Lebensstil zu suchen. „Wir" essen weniger Obst und Gemüse, weniger Fisch und mehr Fleisch, und wir verwenden andere Fette und Öle. Wir wissen mittlerweile, dass tierische Fette in Verbindung mit der Entstehung von Herz- und Gefäßerkrankungen sowie Übergewicht gebracht werden, aber wir essen deshalb im Durchschnitt nicht weniger davon. Zwar sind Margarine oder fettreduzierte Milchprodukte beliebter geworden, und wir verwenden auch mehr pflanzliche Öle wie Mais- oder Sonnenblumenöl. Auch achten wir etwas mehr darauf, wie viel Fett wir insgesamt essen, unterstützt von fettarmen Produkten, die in großer Vielfalt auf dem Markt sind. Doch ein Vergleich zwischen Kretern und Westeuropäern fällt für uns immer noch schlecht aus. Dies liegt vor allem daran, dass wir noch immer nicht über die richtige Fettsäurenbalance ver-

(*Der Einfachheit halber wird hier unterschieden zwischen der mediterranen und der westeuropäischen Ernährung. Häufig werden auch die Mittelmeerländer wie Frankreich, Italien und Griechenland zu Westeuropa gezählt. In diesem Buch wird aber mit „westeuropäisch" ein Lebens- und Ernährungsstil bezeichnet, bei dem weniger natürliche Produkte und dafür mehr vorgefertigte, küchenfertige Mahlzeiten verzehrt werden. Dies ist ein Essverhalten, wie man es zum Beispiel in den Niederlanden, aber auch in den USA finden kann.)

tion ausübt, bringt die andere wieder alles ins Ungleichgewicht. Dass in der westlichen Welt Herz- und Gefäßkrankheiten noch immer als Todesursache Nummer eins gelten, können wir zum Teil mit einem unausgewogenen Verzehr an Fetten in Verbindung bringen.

Typisch Fett

Wenn wir durch unser Essverhalten mehr Verantwortung für unsere Gesundheit übernehmen wollen, heißt dies vor allem, auf die Fette zu achten.

Wir müssen weniger „schlechte" und mehr „gute" Fette essen. Welche Auswirkungen die einzelnen Fette haben, wird im folgenden Kapitel beschrieben. In jedem Fall ist klar, dass es nicht die gesättigten und die Transfettsäuren (s. S. 20) sind, nach denen unser Körper verlangt. Was wir aber wohl brauchen sind einfach und mehrfach ungesättigte Fettsäuren aus den Omega-3- und Omega-6-Familien. Diese Letztgenannten stehen auf der Liste der „guten" Fettsäuren mit Abstand ganz oben. Sie sind von wesentlicher Bedeutung für unsere Gesundheit.

Das Ruder umwerfen

Gut, wir haben vielleicht nicht immer die richtigen Fette gegessen und hatten möglicherweise auch

---

fügen. An wichtigen Fettsäuren (wie Fischfettsäuren) mangelt es nämlich noch weitgehend in unserem Speiseplan. Und mit dem Trend zu fettarmer Kost essen wir zwar weniger sichtbare Fette, aber das heißt noch lange nicht, dass wir auch tatsächlich an den richtigen Fetten sparen. Mit anderen Worten: Wir tun unser Bestes, verbuchen auch einige Fortschritte, aber wir können in Sachen Gesundheit noch immer nicht zu den Kretern aufschließen.

Fett ist nicht gleich Fett

Zahlreiche wissenschaftliche Studien haben erwiesen, dass nicht nur Fettsäuren im Allgemeinen, sondern auch einzelne Arten von Fettsäuren eine wichtige Rolle für den Cholesterinspiegel, den Blutdruck und die Gesundheit von Herz und Blutgefäßen spielen. Während die eine Fettsäure eine Kontrollfunk-

keine glückliche Hand bei der Auswahl und Anzahl der Fette in unserem Essen. Aber man kann das Ruder umwerfen. Gutes, gesundes und leckeres Essen beginnt zuerst und vor allem damit, die Bedeutung von Fetten zu erkennen. Sie sind nicht nur für unsere Gesundheit, sondern auch für den Geschmack unseres Essens unentbehrlich. Unsere Aufmerksamkeit muss also auf der Verwendung der richtigen Fette liegen. Wenn diese dann auch noch hervorragend schmecken, ist das ein einfacher Weg zu einem besseren und gesünderen Leben.

Essen nach Omega

Vielleicht hören Sie nicht zum ersten Mal von der Bedeutung der verschiedenen Fette und der mehrfach ungesättigten Fettsäuren oder – noch spezieller – der Omega-3- und Omega-6-Fettsäuren. Dies ist kein Wunder. Zahlreiche Universitäten und Forschungseinrichtungen befassen sich derzeit damit. Weltweit wurden bereits mehr als 10.000 Studien zu diesen besonderen Fettsäuren durchgeführt. Einige mit Aufsehen erregenden, andere mit weniger spektakulären oder nicht eindeutigen Ergebnissen. Auf jeden Fall aber sehen Wissenschaftler ausreichend Veranlassung, die Effekte von Omega-3 und Omega-6 auf Herz und Blutgefäße, Cholesteringehalt, Blutdruck, Krebserkrankungen, Immunsystem, Sehvermögen und Gehirnentwicklung zu messen. Dass beide Fettsäuren eine große Bedeutung für eine gesunde Lebens- und Ernährungsweise haben, ist ohnehin unbestritten. Die Frage ist nur, wie man einschätzen kann, ob eine Mahlzeit ausreichend gesunde Fettsäuren beinhaltet. Und wie kann man

dafür sorgen, dass diese Fettsäuren aus der Nahrung auch den Körper erreichen und dort wirken können? Jahrein, Jahraus, ohne dass es langweilig wird?

Praktisch

Um nicht sofort mit dem Wie und Was der Omegafettsäuren ins Haus zu fallen, beginnt Omega-3 ganz am Anfang. Deshalb soll zunächst die Bedeutung der Fette allgemein erläutert werden, um so über gesättigte Fettsäuren, einfach ungesättigte Fettsäuren und mehrfach ungesättigte Fettsäuren schließlich zu den Omega-3- und Omega-6-Fettsäuren zu gelangen. Darum geht es letztlich. Sobald die Theorie ein wenig verständlich geworden ist, wird es Zeit, sich der Praxis zuzuwenden. Denn es reicht nicht, die verschiedenen Fettsäuren zu kennen, man muss auch wissen, wo man sie als Verbraucher findet und wie man sie in der Küche ein-

setzen kann. Tipps und Rezepte, mit denen Sie vom Frühstück über das Mittagessen bis zum Abendbrot einen täglichen Ernährungsplan zusammenstellen können, gehören deshalb einfach dazu, wenn Sie Ihr Leben nach dem Omegaprinzip ausrichten wollen. *Omega-3* bietet Ihnen reichlich von allem.

Lecker und gesund essen als Lebensstil

Dennoch ist *Omega-3* nicht das x-te Diätbuch, das Ihnen genau vorschreibt, was, wann und warum Sie dies essen müssen und jenes nicht essen dürfen. Anders als bei einigen Diäten wird es nicht nötig sein, jeden Bissen, den man isst, ausführlich zu analysieren, um sicher zu sein, dass man keine Sünde begeht. Es ist auch keine eintönige Diät, bei der abstruse Mengen eines bestimmten Nahrungsmittels verzehrt werden müssen. Es geht nur darum, mit den richtigen Zutaten zu arbeiten. Das bedeutet, dass Sie schon mit ein paar kleinen Veränderungen Ihrer Essgewohnheiten nach dem Omegaprinzip leben können – ohne dass Ihre Mahlzeiten an Geschmack einbüßen. Im Gegenteil, Ihr Speiseplan wird vielseitiger und die Gerichte schmackhafter. Und genau das ist das Motto dieses Buches: Gut und gesund Essen ist kein strenges Pflichtprogramm, sondern ein Lebensstil.

Die unterschiedlichen Fette

Eine Frage der Energie

Wir essen nicht allein, weil wir es so gerne tun. Wir müssen essen, wenn wir am Leben bleiben und unsere „Fabrik" weiterarbeiten lassen wollen. Wir brauchen Energie für alle lebensnotwendigen Prozesse, um unseren Körper instand zu halten und aktiv zu bleiben. Diese Energie können wir auf verschiedene Weise aufnehmen: durch den Verzehr von Eiweißen, Kohlehydraten, Fetten und Alkohol. Die letztgenannte Art der Energieaufnahme wird häufig übersehen, aber in der Praxis scheint es, als ob etwa 3 bis 4 % der totalen Energieaufnahme daher stammen. Dennoch geht es vor allem um die Verteilung zwischen Eiweiß, Kohlehydraten und Fetten.

Fett: ein Drittel der Energie

Für Menschen mit einem normalen Körpergewicht gilt die folgende Verteilung: 10 % der aufgenommenen Energie kommen idealer Weise aus Eiweißen, 40 % aus verdaulichen Kohlehydraten und 20 bis 40 % aus Fetten (bildet man die Summe, zeigt sich, dass noch mindestens 10 % übrig bleiben, die durch erhöhten Verzehr von Eiweiß oder Kohlehydraten gedeckt werden). Es ist daher nicht sinnvoll, den Fettverzehr auf unter 20 % zu reduzieren, weil man streng auf seine Linie achten will – denn dies läuft darauf hinaus, dass auch der Verzehr der guten Fettsäuren verringert wird. Mehr als 40 % der Energie aus Fett zu beziehen, weil fettes Essen oft so lecker ist, ist aber auch nicht ratsam. Am Einfachsten merkt man sich, dass Fett etwa ein Drittel der totalen Energieaufnahme ausmachen sollte.

Die Funktionen von Fett

Warum hat Fett so eine entscheidende Bedeutung? Zunächst ist es eine Energiequelle für beinahe alle Zellen des menschlichen Körpers. Darüber hinaus schützt es die Haut gegen Druck von außen, gibt dem Körper seine Form und dient der Wärmeisolation. Auch für die Aufnahme, den Transport und die Speicherung fettlöslicher Vitamine (A, D, E und K) ist Fett unerlässlich. Auf der elementaren Ebene hilft es bei der Bildung der Zellmembran, die jede unserer Körperzellen umgibt und bei der Bildung

von Myelin, einem Stoff, der jedes Nervengewebe in unserem Körper umhüllt. Darüber hinaus spielt es eine Rolle bei der Entstehung hormonartiger Substanzen, die ihrerseits wieder Einfluss auf alle Körperfunktionen haben, vom Blutdruck bis zur Schmerzempfindlichkeit. Und wussten Sie, dass das Gehirn zu einem großen Teil aus Fett besteht, einschließlich der Neuronen, der Zellen, die elektronische Botschaften weitergeben?

Fette unter der Lupe

So gesehen ist es logisch, dass der vollständige Verzicht auf Fett ausgesprochen schlecht für unsere Gesundheit ist. Aber wie kann man vernünftig mit Fett umgehen? Es ist die Mühe wert, einmal die Verteilung der verschiedenen einzelnen Fettsäuren unter die Lupe zu nehmen und bestimmte Fette im Gebrauch zurückzudrängen. Denn selbst wenn man gewissenhaft darauf achtet, seine 30% Energie in

Form von Fetten zu sich zu nehmen, ist man dem Ziel nicht näher gekommen, wenn diese Fette vor allem aus gesättigten oder Transfettsäuren bestehen.

Was ist Fett?

Genießbare Fette und Öle sind solche aus Milch, Butter und Käse, Fleisch, Fisch sowie aus Pflanzen (zum Beispiel aus Kokosnüssen, Soja, Mais, Leinsamen, Erdnüssen und Sesam; aber auch Gemüse wie Blumen- und Rosenkohl enthalten diese Fette, wenn auch nur in geringem Maße). Aber kein Fett ist wie das andere. Selbst kleine Unterschiede können von großer Bedeutung für die Wirkung einer Fettsäure im Körper sein.

Die Struktur der Fettsäuren

Fettsäuren können grob in die drei Kategorien unterteilt werden: gesättigt, ungesättigt und mehrfach ungesättigt. Fette, die hauptsächlich aus gesättigten Fettsäuren bestehen, sind bei Zimmertemperatur fest (man denke nur an Butter oder Frittierfett). Einfach ungesättigte Fettsäuren sind in ihrer Struktur etwas weicher. Fette, die aus solchen Fettsäuren bestehen, sind bei Zimmertemperatur meist flüssig (zum Beispiel Olivenöl). Mehrfach ungesättigte Fettsäuren sind die weichsten Fettsäuren. Bei Zimmertemperatur sind Fette mit einem hohen Anteil an mehrfach ungesättigten Fettsäuren flüssig (etwa Sonnenblumenöl, Walnussöl, Leinöl). Um es noch etwas komplizierter zu machen: ungesättigte Fettsäuren können auch in Form von Transfettsäuren vorliegen. Diese weisen in ihrem „Verhalten" starke Ähnlichkeit mit gesättigten Fettsäuren auf.

Die Mischung macht's

Unsere Ernährung besteht aus einer Mischung von gesättigten, einfach ungesättigten und mehrfach ungesättigten Fettsäuren sowie Transfettsäuren. Um verstehen zu können, wie viel man von welchem Fett verzehren muss, um eine positive Wirkung auf die Gesundheit zu erzielen, soll deshalb für jede dieser Arten von Fettsäuren betrachtet werden, in welchen Produkten sie zu finden sind und wie sie im Körper wirken.

Gesättigte Fettsäuren

Gesättigte Fettsäuren kommen in Fleisch, Milchprodukten und bestimmten tropischen Fetten vor. Sie werden mit zahlreichen Gesundheitsstörungen in Verbindung gebracht. Vor allem die längerkettigen gesättigten Fettsäuren – unter anderem in Rind- Schaf- und Schweinefleisch – scheinen das Risiko von Defekten in unseren Blutgefäßen und insbesondere den Herzkranzgefäßen zu erhöhen. Dies ist dem ungünstigen Einfluss dieser Fette auf den Cholesteringehalt zuzuschreiben. Es gibt also gute Gründe, anzunehmen, dass der Verzehr von gesättigten Fettsäuren reduziert werden müsste und sie nicht mehr als ein Drittel der gesamten Fettaufnahme ausmachen sollten.

Einfach ungesättigte Fettsäuren

Einfach ungesättigte Fettsäuren werden als eine gesunde Fettquelle angesehen. Ölsäure ist in dieser Kategorie die bekannteste Fettsäure. Sie kommt in großem Maße in nahezu allen Fetten vor, aber zum Beispiel auch in Oliven (und deshalb auch im Olivenöl). Zu einer gesunden Ernährung, und damit auch zum Omegaprinzip, passen einfach ungesät-

---

Hart fürs Herz

Um pflanzliche Öle streichfähig zu machen, werden sie bei der Zubereitung gehärtet. Härten heißt, dass die Öle erhitzt werden, wobei unter hohem Druck Wasserstoff hineingepresst wird. Dieser Prozess wird manchmal auch Hydrogenieren genannt. Der Nachteil dabei ist, dass dieses Härten die ungesättigten Fette in gesättigte umwandelt. Und schlimmer noch: Beim Härten können Transfettsäuren entstehen. Bis vor kurzem waren diese Transfettsäuren durch den beschriebenen Produktionsablauf in Margarine, Diätmargarine, Back- und Frittierfett zu finden. Seit die Industrie den Produktionsprozess angepasst hat, sind viele dieser Produkte so gut wie frei von Transfettsäuren. Dies scheint Wirkung zu zeigen: Dank des neuen Produktionsverfahrens gibt es jährlich schätzungsweise 2000 bis 4000 Herzinfarkte weniger.

tigte Fettsäuren sehr gut. Sie haben nämlich einen günstigen Einfluss auf den Cholesteringehalt im Blut. Darüber hinaus verringern diese Fettsäuren im Vergleich zu gesättigten Fettsäuren die Gefahr der Aderverkalkung. Im Allgemeinen wird für die Verwendung von einfach ungesättigten Fettsäuren keine Obergrenze für den Verbrauch gesetzt – vorausgesetzt der Gesamtfettverbrauch bleibt im Rahmen der 20 bis 40% aller aufgenommenen Energie.

Transfettsäuren

Transfettsäuren sind die ungesättigten Fettsäuren, die durch ihre Bauweise den gesättigten Fettsäuren sehr stark ähneln. In der Natur kommen diese Transfettsäuren kaum vor, höchstens in Milchprodukten. Bakterien im Verdauungstrakt von Wiederkäuern sind nämlich in der Lage, Fettsäuren in Form von Transfettsäuren herzustellen. Deshalb sind auch in einem Teil der Fettsäuren in nicht entrahmten Milchprodukten sowie in Rind- und Schaffleisch Transfettsäuren enthalten. Wir Menschen stellen Transfettsäuren her, indem wir durch allerlei Tricks im Herstellungsprozess Margarine, Öle und (billige) Frittier- und Backfette härten (siehe Kasten S.19). Beim Härten können Transfettsäuren entstehen.

Schön ist das nicht, denn Transfettsäuren stehen im Verdacht, sich negativ auf den Cholesteringehalt auszuwirken und den Anteil von Fett in der Blutbahn zu erhöhen. Auch gibt es Erkenntnisse, die darauf hinweisen, dass Transfettsäuren, genau wie die gesättigten Fettsäuren das Risiko von Erkrankungen der Herzkranzgefäße erhöhen (die Anzahl von Herzinfarkten verringerte sich um 28%, nachdem der Anteil von Transfettsäuren in verschiedenen Margarinen sowie Back- und Frittierfetten reduziert wurde). Der menschliche Körper scheint Transfettsäuren jedenfalls nicht zu brauchen. Die Empfehlung lautet daher, sie in jedem Fall so wenig wie möglich zu konsumieren.

Und deshalb …

Die mehrfach ungesättigten Fettsäuren und insbesondere die wichtigen Fettsäuren Omega-3 und Omega-6 werden wir im Folgenden noch etwas genauer betrachten. Denn sie sind Ausgangspunkt dieses Kochbuchs. Zum Omegamenü gehört allerdings zunächst einmal, den Gebrauch von einigen anderen Fettsäuren zu reduzieren. Wir empfehlen, so wenig wie möglich gesättigte Fettsäuren und Transfettsäuren zu konsumieren. Von den zuvor erwähnten 20 bis 40% Energieaufnahme aus Fett sollten gesättigte Fettsäuren nicht mehr als 10% ausmachen. Mit Transfettsäuren sollte man eigentlich noch sparsamer umgehen, 1% davon ist die Obergrenze. Der Rest sollte aus ungesättigten Fettsäuren stammen.

Energieprozente – was sind das?

Der Begriff „Energieprozente" ist Ihnen vielleicht neu. Er bezeichnet den prozentualen Anteil, den die Brennwerte (Kalorien) aus den einzelnen Nährstoffen (Fetten, Kohlehydraten und Eiweißen) an einem Lebensmittel oder Gericht haben. Denn es ist nicht egal, woher die aufgenommenen Kalorien stammen. Um die Energieprozente zu berechnen, braucht man die spezifischen Brennwerte der einzelnen Nährstoffe sowie Angaben über den Anteil an Kohlehydraten, Eiweißen und Fetten, die im gewählten Lebensmittel oder Gericht enthalten sind. Dann wird der Brennwert der einzelnen Nährstoffe durch den Gesamtbrennwert geteilt und mit 100 multipliziert.

Gutes Fett!

Essenzielle Fettsäuren

Gut, die Sache mit den gesättigten Fettsäuren und den Transfettsäuren ist klar; die sollte man so selten wie möglich zu sich nehmen. Freie Bahn also für die ungesättigten Fettsäuren! Und vor allem für mehrfach ungesättigte Fettsäuren der Omega-3- und Omega-6-Familie. Aber was genau sind das für Fettsäuren, werden sie sich inzwischen fragen. Und woher stammen die Namen? Mit dem Begriff „Omega" (manchmal auch, wie im Griechischen, Ω) wird eines der Enden eines Fettsäuremoleküls bezeichnet. Die Ziffern 3 und 6 geben an, an welcher Stelle die letzte doppelte Verbindung in diesen mehrfach ungesättigten Fettsäuremolekülen zu finden ist. Vielleicht sind sie Ihnen auch schon einmal unter der Bezeichnung Alpha-Linolensäure (das ist die „Mutter" aller Omega-3-Fettsäuren) und Linolsäure (die „Mutter" aller Omega-6-Fettsäuren) begegnet.

Von essenzieller Bedeutung

An sich ist die exakte Bezeichnung weniger von Belang. Wichtig ist aber, dass Alpha-Linolensäure und Linolsäure zwei Fettsäuren sind, die der Körper nicht selbst bilden kann, aber die von absolut lebenswichtiger Bedeutung für die menschliche Gesundheit sind. Wenn der Körper einen Stoff nicht selbst bilden kann, aber unbedingt benötigt, sprechen wir von „essenziell". Deshalb gehören die Omega-3- und Omega-6-Fettsäuren ebenso wie Vitamine, Mineralien, Eiweiße und Kohlehydrate zu den so genannten „essenziellen" Nährstoffen.

Unverzichtbar

Allerdings geht es hier nicht allein um diese beiden „Mutterfettsäuren". Es geht vor allem um die Ableitungen dieser Fettsäuren. Der Körper kann zwar selbst keine Alpha-Linolensäure und Linolsäure for-

Kurz gefasst
Ungesättigte Fettsäuren
Transfettsäuren

Einfach ungesättigte Fettsäuren

Mehrfach ungesättigte Fettsäuren

Omega-3-Familie	Omega-6-Familie
Alpha-Linolensäure (ALA)	Linolsäure (LA)
▼	▼
Eicosapentaensäure (EPA)	Gamma-Linolensäure (GLA)
▼	▼
Docosahexaensäure (DHA)	Arachidonsäure (AA)

men, aber er ist in der Lage, aus diesen essenziellen Mutterfettsäuren eine Art abgeleitete, halb-essenzielle Fettsäure zu bilden.

Vor allem zwei dieser Ableitungen der Alpha-Linolensäure sind von Bedeutung: Eicosapentaensäure (im Folgenden EPA genannt) und Docosahexaensäure (DHA). Diese semi-essenziellen Fettsäuren können wir auch über unsere Nahrung (vor allem durch fetthaltigen Fisch) aufnehmen. Semi-essenziell bedeutet übrigens nicht „weniger wichtig". Denn auch diese Fettsäuren werden als unverzichtbar angesehen. Warum? Aus einer Vielzahl von Gründen, die im Folgenden näher betrachtet werden sollen.

Basisfunktionen

Die Ableitungen von Omega-3 und Omega-6 spielen eine wichtige Rolle für eine gute Durchlässigkeit der Zellmembran. Auf diese Weise helfen Omega-3 und Omega-6 beim Transport (und so auch bei der Wirkung) von Hormonen, Eiweißen und Enzymen durch die Zellwände hindurch. Zudem formt der Körper aus diesen Fettsäuren hormonähnliche Verbindungen. Diese so genannten Eicosanoide sind in hohem Maße an zahlreichen körperlichen Prozessen beteiligt, sie beeinflussen den Blutdruck, stimulieren oder bremsen das Immunsystem und verändern das Schmerzempfin-

den. Daneben scheinen die Fettsäuren vor allem für die Funktionsfähigkeit einiger Organe von großer Bedeutung zu sein; Gehirn, Sinnesorgane und Nebennieren zum Beispiel. Darüber hinaus haben sie einen positiven Effekt auf die Blutgerinnung.

All diese Eigenschaften zusammen führen dazu, dass man (semi-)essentielle Fettsäuren in Verbindung bringt mit der Vorbeugung von Herz- und Gefäßkrankheiten, Krebs, Diabetes, aber auch Immunkrankheiten und Depressionen. Mehr darüber im weiteren Verlauf dieses Kapitels.

In Balance

Der Körper braucht also für einige seiner Basisfunktionen sowohl Omega-3- als auch Omega-6-Fettsäuren. Und zwar in einem bestimmten Verhältnis. Die Frage ist nur: In welchem Verhältnis? In der Literatur wird häufig auf das Essverhalten der Kreter verwiesen, die sich nach mediterraner Tradition ernähren und erstaunlich gesund zu sein scheinen. Dies liegt daran, dass sie viel Gemüse und Fisch verzehren und ihre Ernährung als Folge davon über ein günstiges Verhältnis zwischen Omega-3 und Omega-6 verfügt. Dieses schwankt bei ihnen zwischen eins zu sechs und eins zu drei.

Brüderliche Zusammenarbeit?

Eine gute Balance zwischen den beiden essenziellen Fettsäuren ist lebenswichtig. Die Omega-3-Fettsäure ALA muss reichlich vorhanden sein, um ihre Ableitungen EPA und DHA bilden zu können. Dieser Prozess ist von besonderer Bedeutung, wenn jemand zum Beispiel keinen Fisch isst. Dann fehlen ihm nämlich die wichtigen Fischfettsäuren EPA und DHA. Alles, was jeder Mensch an diesen abgeleiteten Fettsäuren braucht, muss dann allein über die ALAs gebildet werden. Aber dies ist gar nicht so einfach. Zumindest nicht, wenn zu viel Omega-6 im Spiel ist. Wie gut Omega-6-Fettsäuren auch sein mögen, ein Übermaß kann der Entwicklung von Omega-3-Fettsäuren im Weg stehen (mit der Folge, dass der Körper zu wenig EPA und DHA produziert).

Daneben scheinen Eicosanoide (die zuvor erwähnten hormonähnlichen Substanzen), die aus Omega-3 geformt werden, eine entgegengesetzte Wirkung zu haben wie die aus Omega-6. Es ist also auch in diesem Zusammenhang wichtig, dass im Verhältnis zu Omega-6 genügend Omega-3 zur Verfügung steht.

Schief

Tatsache ist, dass bei „uns" in der westlichen Welt der Verzehr von Omega-3 seit Mitte des 19. Jahrhunderts um das sechsfache gesunken ist. Der Verzehr von Omega-6 hat sich verdoppelt. Wenn wir also von einem Verhältnis von eins zu 20 bis eins zu 25 ausgehen, übertreiben wir keineswegs.

Das ist aber alles andere als ideal. Zahlreiche Wissenschaftler haben sich mit dem idealen Verhältnis zwischen Omega-3 und Omega-6 beschäftigt. Den einen zufolge sollte es eins zu eins betragen, den anderen zufolge eins zu vier. Und während die eine Untersuchung nahe legt, dass bei einem hohen Konsum an Alpha-Linolensäure auch der Bedarf an Omega-6-Fettsäuren steigt, kommt eine andere Untersuchung zu dem Ergebnis, dass wir um so schlechter imstande sind, Ableitungen von Alpha-Linolensäure herzustellen, je mehr Linolsäure in unserer Ernährung enthalten ist. Sicher aber kann man davon ausgehen, dass das Verhältnis zwischen den essenziellen Fettsäuren Alpha-Linolensäure und Linolsäure nicht höher als eins zu zehn sein sollte. Niedriger darf es hingegen schon sein. Es gibt nämlich keine Hinweise darauf, dass dies für die Gesundheit ungünstig sein könnte. Im Allgemeinen geht man davon aus, dass eins zu fünf ein gutes Verhältnis darstellt.

Gesund leben mit dem Omegamenü

Gesundheitsexperten pochen nicht ohne Grund auf ein ausgewogenes Verhältnis von Omega-3 und Omega-6. Sie haben Anlass zu glauben, dass Menschen, die Omega-3 und Omega-6 im richtigen Ver-

hältnis verzehren, ein niedrigeres Risiko für die Krankheiten haben, die mit einem Mangel an essenziellen Fettsäuren in Verbindung stehen. Dafür wird nicht allein auf das Beispiel der Kreter verwiesen, sondern auch auf das der Inuit. Diese scheinen nämlich mit ihrer traditionellen Ernährung aus Fisch und Meeressäugern sehr gut zu leben. Oder die Japaner, die dank eines Speiseplans, der ebenfalls viel Fisch enthält, kaum mit Herz- und Gefäßkrankheiten zu kämpfen haben. Fisch ist eine der reichsten Quellen für die semi-essenziellen Fettsäuren EPA und DHA.

Inuit unter der Lupe

Eine Gruppe von Wissenschaftlern, die im Norden von Grönland das Essverhalten der Einheimischen aus der Nähe betrachtet hat, entdeckte, dass die Anzahl von Sterbefällen aufgrund von Herzkrankheiten hier extrem niedrig war. Bei der Untersuchung des Gesundheitszustandes von 2000 Menschen in einem grönländischen Krankenhaus stießen sie während einer Laufzeit von zehn Jahren auf keinen einzigen Sterbefall aufgrund eines Herzinfarkts. Darüber hinaus schienen Inuit kaum an Immunkrankheiten wie Diabetes oder Asthma zu leiden. Der Grund: Durch ihre Ernährung auf der Basis von Fisch und anderen Meerestieren nehmen sie besonders viel EPA und DHA auf. Aber auch die Inuit kennen leider nicht die Formel für das ewige Leben. Sie sterben vor allem an Vitaminmangel als Folge von zu wenig Obst und Gemüse.

Das Wichtigste

Einfach gesagt, sorgt eine Balance zwischen Omega-3- und Omega-6-Fettsäuren für elastische Blutgefäße, die kaum Defekte aufweisen. Damit bleiben dem Körper Notreparaturen mit Cholesterin, Triglyceriden oder anderen Stoffen, die die Adern verschlicken, erspart. Auf diese Weise hemmt Omega-3 die Arterienverkalkung.

In Zusammenhang mit der Omega-Diät wurden zahlreiche Krankheiten unter die Lupe genommen. Hier und da gibt es Hinweise, dass eine gute Balance zwischen Omega-3- und Omega-6-Fettsäuren tatsächlich Einfluss auf Heilung oder Vorbeugung beispielsweise von Krebs oder Depressionen hat. Allerdings fehlen in den meisten Fällen noch eindeutige Beweise. Einzig im Fall von Herz- und Gefäßerkrankungen kann man mit Sicherheit von positiven Auswirkungen der (semi)-essenziellen Fettsäuren sprechen.

Herz- und Gefäßerkrankungen

Die meisten Experten sind sich darin einig, dass eine gute Balance zwischen Omega-3 und Omega-6 in jedem Fall einen positiven Effekt auf Herz- und Gefäßerkrankungen hat. Dies hängt mit einer ganzen Anzahl von Dingen zusammen. Zum einen mit dem Cholesteringehalt. Der Cholesterinspiegel (zusammengesetzt aus dem „schlechten" LDL-Cholesterin und dem „guten" HDL-Cholesterin) im Blut scheint der wichtigste Faktor für Erkrankungen der Herzkranzgefäße zu sein. Nicht, dass wir kein Cholesterin nötig hätten. Aber eine Ernährung, die reich an den essenziellen Fettsäuren Omega-3 und Omega-6 ist, trägt dazu bei, dass mehr Cholesterin in die Membran eingelagert wird (man denke nur an die gute Funktion der Zellmembranen) und weniger in der Blutbahn zirkuliert. Dies ist ein Grund, warum (semi-)essenzielle Fettsäuren cholesterinsenkend wirken.

Daneben scheinen Omega-3-Fettsäuren die Konzentration von Triglyceriden im Blut zu reduzieren. Triglyceride sind Blutfette, die in kleinen Päckchen in unseren Fettreserven gelagert werden und in dieser Form auch in der Blutbahn zirkulieren können. Zirkulieren zu viel Triglyceride, können die Innenwände unserer Adern beschädigt werden. Auch nimmt bei einer hohen Konzentration an Triglyceriden das Risiko zu, dass die Blutplättchen verklumpen. EPA und DHA reduzieren die Konzentration von Triglyceriden und wirken einer Verklumpung der Blutplättchen entgegen. Daneben regulieren sie den Blutdruck und helfen, Herzrhythmusstörungen zu vermeiden.

Wie bereits erwähnt, haben Wissenschaftler noch zahlreiche weitere Studien zu den essenziellen Fettsäuren durchgeführt. Im Folgenden soll daher kurz auf andere Krankheiten und Gesundheitsprobleme eingegangen werden, bei denen sich eine gute Balance zwischen Omega-3 und Omgea-6 günstig auf die Vorbeugung, die Genesung oder den Verlauf auswirken soll.

Krebs

Einige Studien scheinen nahe zu legen, dass Omega-3-Fettsäuren die Bildung von Tumoren verringern und das Risiko von Metastasen verkleinern. Diese Hin-

---

Omega-3 und die Prostata

Schwedische Wissenschaftler des Karolinkska-Instituts in Stockholm haben herausgefunden, dass Omega-3 das Wachstum von Prostatakrebszellen stoppt. Sie begleiteten 6000 Männer und untersuchten ihren Lebensstil, darunter auch die Ess- und Rauchgewohnheiten, den Alkoholkonsum und das Maß an täglicher Bewegung. Die Männer wurden zwischen 1967 und 1997 30 Jahre lang immer wieder untersucht. In dieser Zeit traten 466 Fälle von Prostatakrebs auf, davon waren 340 tödlich. Die Männer, die keinen Fisch aßen (und deshalb nur wenig von den Omega-3 Fettsäuren EPA und DHA aufnahmen) hatten ein zwei- bis dreifach erhöhtes Risiko, an Prostatakrebs zu erkranken, als die Männer, die normal oder viel Fisch aßen.

weise sind allerdings noch nicht eindeutig genug, um daraus weitergehende Schlüsse ableiten zu können.

Diabetes

Eine Ernährungsstudie mit Diabetikern, denen Fettsäuren im richtigen Verhältnis zugeführt wurden, ergab, dass die Teilnehmer besser auf Insulin reagierten, einen höheren HDL-Cholesterinspiegel, einen niedrigeren Blutdruck und ein niedrigeres Niveau an Triglyceriden aufwiesen. Auch weitere Studien ergaben eine verbesserte Reaktion auf Insulin durch Omega-3-Fettsäuren aus dem Fischverzehr. Allerdings gibt es auch Studien, die zu gegenteiligen Schlüssen kamen. Daher gehen Experten derzeit nicht von einem Einfluss von Omega-3 und Omega-6 auf Diabetes aus.

Immunsystem

Bei Menschen, die sehr viel von der Omega-3-Fettsäure Alpha-Linolen zu sich nahmen, wurde ein entzündungshemmender Effekt beobachtet, ebenso bei Menschen, die mehr als anderthalb Energieprozente an Omega-3-Fettsäuren aus Fisch zu sich nahmen. Allerdings bedarf es noch weiterer Untersuchungen, um hier sichere Angaben machen zu können.

Gehirnfunktion

In einigen Untersuchungen ist die Rede von einer Verbindung zwischen der Menge an Omega-3-Fett-

Der Einfluss auf Rheuma

In einer Untersuchung aus dem Jahr 1995, die in der Zeitschrift *Arthritis and Rheumatism* erschienen ist, wurde Arthritispatienten, die ein gängiges entzündungshemmendes Mittel erhielten, zusätzlich ein Omega-3-Ernährungsergänzungsmittel verabreicht. Nach einigen Monaten wurde das entzündungshemmende Medikament durch ein gleich aussehendes Placebo ersetzt. Eine erhebliche Zahl an Patienten konnte auch nach der Studie die verordneten Medikamente ganz weglassen, ohne dass die Krankheit wieder ausbrach.

Fröhliche Japaner

Die traditionelle japanische Ernährung enthält 15-mal so viele Omega-3-Fettsäuren wie die US-Amerikanische. Dies erklärt vielleicht, warum es so wenig depressive Japaner gibt. Aus einer Studie von Wissenschaftlern des amerikanischen National Institute of Health ergibt sich nämlich, dass Depressionen in den USA zehnmal so häufig auftreten wie in Japan. Kaum depressive Menschen findet man in den japanischen Fischerdörfern. Im Jahr 1995 interviewte ein Team aus Psychiatern alle älteren Einwohner einer Fischergemeinde in Japan, ohne auch nur einen einzigen Fall von klinischer Depression zu finden.

Das „Licht" sehen

Die traditionell lebenden Inuits werden auch in den dunklen Wintern nicht depressiv und haben nur wenig mit Selbstmordgedanken zu kämpfen, behauptet Udo Erasmus in seinem Buch *Vitale, Fatale Fette*. Die Erklärung sucht er in der Tatsache, dass ihre Ernährung aus Fisch und Meerestieren große Mengen an essenziellen Fettsäuren beinhaltet. Europäer, die in der Nähe des Polarkreises oder in der Antarktis überwinterten und sich „westlich" mit zahlreichen gesättigten Fettsäuren ernährten, litten öfter an Winterdepressionen und mussten in den Süden reisen, um „das Licht zu sehen".

säuren im Gehirn und Demenz, Schizophrenie, Dyslexie (Leseschwäche), ADHS (Aufmerksamkeits-Defizit-Hyperaktivitätsstörung), Depressionen und postnatalen Depressionen. Noch sind Experten aber auch hier mit endgültigen Aussagen vorsichtig.

Entwicklung des ungeborenen Kindes

Vor allem DHA spielt eine wichtige Rolle für die Struktur und Funktion des Gehirns, des Nervensystems und der Augen des Kindes. Zu früh geborene Babys erhalten sogar zusätzliches DHA und AA zur Verbesserung ihres Sehvermögens. Die Bedeutung dieser Fettsäuren für normal geborene Kinder ist unbekannt. Einige Experten empfehlen dennoch bei Säuglingen, die mit Muttermilch ernährt werden, eine adäquate Verabreichung von 0,02 Gramm DHA und 0,04 Gramm AA pro Kilogramm Körpergewicht und Tag.

Ernährung für kleine Einsteins

Babys, die über ihre Mutter (in der Gebärmutter oder später über die Muttermilch) besonders viel DHA erhalten, weisen eine verbesserte kognitive Entwicklung auf als Säuglinge, die davon weniger bekommen haben. Dies behauptet der Wissenschaftler Ricardo Uauy in der US-Zeitschrift *Lipids*. In Japan haben dieselben Untersuchungen sogar dazu geführt, dass Babynahrung mit dem Namen „Einstein-Babynahrung" entwickelt wurde. Sie ist besonders reich an DHA und soll dazu beitragen, dass aus den Kindern kleine Genies werden.

Die Gewichtsfrage

Und das Gewicht, fragen Sie sich vielleicht? Hat die Omegadiät einen positiven Effekt auf die paar Kilo zu viel, die so viele mit sich herumschleppen? Die meisten Diäten und Ernährungsbücher brüsten sich gerne mit Schlankheitsversprechen. Aber wir von *Omega-3* wollen ehrlich sein und sagen, dass man allein durch das Essen nach Omega-3 noch nicht automatisch abnimmt (grundsätzlich aber auch nicht zunimmt). Denn nicht die Zusammenstellung der Fettsäuren ist für die Gewichtsabnahme entscheidend, sondern der Gesamtenergieverbrauch (aus welchen Quellen auch immer). Kämpfen Sie mit Übergewicht oder einer ungewöhnlichen Gewichtszunahme? Dann ist es vernünftig, statt 40 nur 35 Energieprozent als Obergrenze der Fettaufnahme einzuhalten. Warum? Weil eine Ernährung mit einem niedrigen Fettgehalt dabei helfen kann, das Körpergewicht zu reduzieren. Es scheint nämlich, dass wir von fettem Essen schnell etwas mehr essen, und deshalb auch mehr Kalorien aufnehmen als wir eigentlich bräuchten. Je fettärmer Sie essen (natürlich innerhalb der empfohlenen 20 bis 35 Energieprozent aus Fett), desto weniger laufen Sie Gefahr, zu viele Kalorien aufzunehmen. Bei einer Verringerung um zehn Energieprozent Fett verringert sich das Körpergewicht schätzungsweise um zwei bis drei Kilogramm.

Kochen

Omega-3 und Omega-6 in der Küche

Die vorangegangenen Kapitel sollten Antwort auf die Frage geben, welche Bedeutung die essenziellen Fettsäuren Omega-3 und Omega-6 haben und warum die richtige Balance zwischen den beiden Fettsäuren so wichtig ist. Nun wird es Zeit für einen etwas praktischeren Teil. Zeit also für Informationen über empfohlene Tagesdosen, Gebrauchsmöglichkeiten von Produkten, in denen Omega-3 und Omega-6 zu finden sind, und natürlich für Rezepte, die es Ihnen leicht machen, Ihr Essverhalten umzustellen.

Quellen

Aber zunächst geht es darum, die Quellen für Omega-3 und Omega-6 kennen zu lernen. Denn das Geheimnis des Omegamenüs liegt in erster Linie in der Erkenntnis, welche Produkte man verwenden muss. Zunächst einige allgemeine Hinweise:

Omega-3 Sie erinnern sich an die gute Gesundheit der Inuit? Diese haben sie teilweise ihrem hohen Fischkonsum zu verdanken, weil in Fisch so viel von den Omega-3-Fettsäuren EPA und DHA zu finden ist. In der Reihe der Omega-3-reichen Produkte steht Fisch nicht ohne Grund ganz oben. Auch in einigen Schalen- und Krustentieren sind diese „Fischfettsäuren" zu finden, wenn auch zum Teil nur in minimalen Mengen. Weiterhin treffen wir Omega-3, in Form von Alpha-Linolensäure, vor allem in Leinsamen und Leinöl, Walnüssen und Walnussöl, Weizenkeimöl, Sojaöl, zahlreichen (vor allem grünen) Gemüsesorten (aber nur in kleinen Mengen) und einigen Hülsenfrüchten an.

Omega-6 Die Omega-6-Fettsäuren kommen reichlich in einfachen pflanzlichen Ölen wie Mais-, Sonnenblumen- und Erdnussöl sowie in den Nüssen und Saaten selbst vor, wie Sonnenblumenkernen, Haselnüssen, Mandeln, Kürbiskernen und Sesamsaaten. Auch Mayonnaisen, Salatdressings und Diätmargarinen sind gängige Lieferanten. Daneben finden sich Omega-6-Fettsäuren auch in den Omega-3-reichen Ölsorten, Nüssen und Hülsenfrüchten.

Empfohlene Tagesdosis

Sie werden wahrscheinlich in beiden Aufstellungen Lebensmittel finden, die Sie regelmäßig verzehren. Vor allem die Produkte, die bei Omega-6 aufgeführt sind, finden in vielen Haushalten häufig Verwendung. Das ist auch gut so, denn Omega-6 ist, ebenso wie Omega-3, eine essenzielle Fettsäure. Aber wie bereits im vorigen Teil erläutert, ist gerade die richtige Balance zwischen Omega-3 und Omega-6 von wesentlicher Bedeutung für unsere Gesundheit. Wenn dieses Gleichgewicht fehlt, liegt das in erster Linie daran, dass zu wenig Omega-3 verzehrt wird. Deshalb machen Experten vor allem Empfehlungen zum täglichen Mindestverzehr von Omega-3. Allerdings differieren diese Empfehlungen teilweise erheblich. Der eine sagt, dass eine Menge von sieben Gramm Omega-3 pro Woche ideal ist, der andere spricht von zwei bis neun Gramm – allerdings pro Tag.

Hier soll deshalb von den offiziellen Richtlinien des niederländischen Gesundheitsrates ausgegangen werden. Für einen günstigen Einfluss auf Herz- und Gefäßkrankheiten wurde angenommen, dass 0,5 Energieprozente Alpha-Linolensäure pro Tag ausreichen, um einem Mangel vorzubeugen (0,5

Energieprozente entsprechen durchschnittlich etwa 1,2 Gramm Alpha-Linolensäure bei Frauen und 1,4 Gramm bei Männern). Für Linolsäure nimmt der Gesundheitsrat eine Dosis von zwei Energieprozent als günstig an.

Daneben wird ein täglicher Verzehr von EPA und DHA empfohlen. Und der wird nicht in Prozenten, sondern in genauen Gewichtsmengen aufgeführt. Der niederländische Gesundheitsrat empfiehlt, täglich 0,2 Gramm EPA und DHA zu verzehren. Weil fetter Fisch ein direkter Lieferant von diesen speziellen Omega-3-Fettsäuren ist, ist die empfohlene Dosis direkt an den Fischkonsum gekoppelt. Umgerechnet bedeutet dies, dass 70 bis 80 Gramm fetter Fisch (je nach Sorte) pro Woche ausreichen, um die tägliche Dosis von 0,2 Gramm EPA und DHA zu erreichen.

Unterschiede beim Fisch

Die Menge an Fisch, die verzehrt werden muss, um die empfohlene Dosis EPA und DHA zu erreichen, ist stark abhängig von der Fischsorte. Hering zum Beispiel liefert etwa 1,5 Gramm EPA und DHA pro 100 Gramm (also reichen etwas weniger als 100 Gramm Hering pro Woche aus). Forelle enthält pro 100 Gramm 0,8 Gramm EPA und DHA (von Forelle sind also 175 Gramm pro Woche nötig).

Was es zum Gesundsein noch braucht ...

Allerdings sollte man nicht darauf vertrauen, dass unser Körper alles hat, was er braucht, solange wir nur genug Omega-3- und Omega-6-Fettsäuren verzehren. Mit einer Diät allein aus Fisch, Öl, etwas Gemüse, Kernen und Hülsenfrüchten fühlt man sich nach einiger Zeit alles andere als fit und munter. Denn um gesund zu bleiben, ist noch einiges mehr nötig. Eine große Anzahl an Vitaminen und Mineralien aus anderen Lebensmitteln zum Beispiel sowie all die Nährstoffe, die genau wie Omega-3 und Omega-6 als unverzichtbar angesehen werden.

Empfindliche Fettsäuren

Ohne andere Nährstoffe haben die (semi-)essenziellen Fettsäuren im Körper nur wenig Wirkung. Fettsäuren sind nämlich sehr empfindlich und müssen daher vor anderen Stoffen geschützt werden. Vor allem vor den so genannten „freien Radikalen". Freie Radikale sind

eine Art „Vermittler" bei unzähligen normalen chemischen Abläufen. Allerdings zirkulieren sie manchmal ungebunden im Körper und können dabei Schäden an Zellen, Gewebe und eben auch an den empfindlichen (semi-)essenziellen Fettsäuren anrichten.

Schützende Antioxidanzien

Antioxidanzien können diese freien Radikale gleichsam einfangen und auf diese Weise verhindern, dass die Fettsäuren Schaden nehmen. Einige Vitamine und Mineralien haben diese Eigenschaft. Die Vitamine C, E, Betacarotin (die Vorstufe von Vitamin A) sowie Selen müssen in diesem Zusammenhang genannt werden. Und auch von Bioflavonoiden geht eine antioxidative Wirkung aus. Wenn man also sorgsam mit den essenziellen Fettsäuren im Körper umgehen will, ist es sicher nicht falsch, dafür zu sorgen, dass man diese Antioxidanzien über die Nahrung aufnimmt. Zum Beispiel durch den Verzehr von reichlich Obst und Gemüse.

Helfer

Es gibt aber noch mehr zu beachten. Denn auch wenn die (semi-)essenziellen Fettsäuren durch Antioxidanzien ausreichend abgeschirmt sind, bedeutet dies noch lange nicht, dass sie ihre Arbeit im Körper gut verrichten können. Sie müssen auch die Möglichkeit erhalten, ihre Aufgaben bei den verschiedenen Prozessen im Körper erfüllen zu können. Und dazu benötigen sie die Hilfe weiterer Nährstoffe.

Zusammenspiel

Keine Angst, die meisten dieser Nährstoffe erhält man zur Genüge bei normalen Essgewohnheiten mit ausreichend Obst und Gemüse. Merken sollte man sich vor allem, dass die Omegadiät keine Ernährungsweise ist, die sich allein auf die (semi-)essenziellen Fettsäuren beschränkt. Sie ist ein Zusammenspiel von allem: Vitaminen, Mineralien, Antioxidazien und natürlich auch Kohlehydraten und Einweißen. Ohne diese Nährstoffe haben wir nichts von den guten Fettsäuren. Mehr noch: Wir können ohne diese Nährstoffe nicht leben.

Omega-3-Zutaten

So viel ist klar: Eine gesunde Ernährung besteht aus einem komplizierten Zusammenspiel unzähliger Nährstoffe. Aber wenn Sie als frisch gebackener Omegakoch auf der Suche nach genau den Produkten sind, die besonders viel Omega-3-Fettsäuren enthalten, kann Ihnen untenstehende Liste sicher nützlich sein.

Fisch

Fisch zu essen ist eine besonders einfache Methode, die Omega-3-Fettsäuren EPA und DHA aufzunehmen. Vor allem fetter Fisch aus kalten Gewässern enthält reichlich EPA und DHA, die er wiederum vom Plankton aus dem Meerwasser aufgenommen hat. Viel Omega-3 findet sich in Thunfisch, Lachs, Hering, Sardellen, Sardinen, Forellen, Makrelen, Lachsforellen, Aal und Schwertfisch. All diese Fische enthalten zwischen ein und zwei Gramm EPA und DHA pro 100 Gramm. Es gibt allerdings durchaus Unterschiede von Fisch zu Fisch. In Fischstäbchen oder frittiertem Fisch ist kaum noch eine Spur Omega-3 zu finden. Diese Produkte werden in der Regel aus magerem Fisch hergestellt. Das Einwecken in Konserven hat allerdings keinen negativen Einfluss auf den Omega-3-Gehalt. Wenn Sie Fisch aus der Konserve kaufen, müssen Sie aber bedenken, dass das Öl, in dem der Fisch konserviert wurde, kaum oder gar keine Omega-3-Fettsäuren enthält. Tiefgefrorener Fisch (natürlich auch besonders die fetten Sorten) ist übrigens auch eine gute Wahl. Dieser Fisch wird in der Regel sehr schnell (noch auf dem Boot) eingefroren – und ist deshalb frischer als „frischer" Fisch von der Theke, der manchmal schon

tagelang auf Eis gelegen hat. Informieren Sie sich deshalb bei Ihrem Fischhändler, wann er beliefert wird und welcher Fisch gerade besonders frisch ist.

Gemüse

Gemüse ist in der Regel fettarm und fällt einem deshalb nicht gerade als Erstes ein, wenn es um Fettsäuren geht. Doch gehört das wenige Fett, das im Gemüse enthalten ist, meist zu der guten Sorte: nämlich Omega-3! Gute Lieferanten sind Blumenkohl, Rosenkohl, Spinat, Grünkohl, Broccoli, Postelein, Rübstielchen, Rucola, Schnittbohnen, Brechbohnen, Lauch und Kohlarten wie zum Beispiel Chinakohl, Weißkohl oder Wirsing. Der Gehalt an Omega-3 variiert von etwa 0,1 Gramm (roher Broccoli) bis 0,9 Gramm (gekochter Blumenkohl) pro 100 Gramm. Beachten Sie aber, dass es sich dabei um Alpha-Linolensäure handelt. In Anbetracht der

So gesund wie ein Fisch

Wissenschaftler kamen Fisch als Quelle gesunder Fettsäuren schon früh auf die Spur. Eine bekannte Untersuchung ist die so genannte „Zutphen-Studie", die sich über eine Periode von 20 Jahren erstreckte. An dieser Studie nahmen 852 Männer mittleren Alters teil, von denen die eine Hälfte regelmäßig Fisch aß, die andere nicht. Das auffälligste Ergebnis dieser Studie war, dass die Wahrscheinlichkeit, am Ende des Untersuchungszeitraumes noch zu leben, bei den Fischessern doppelt so hoch war wie bei den anderen Teilnehmern.

Tatsache, dass mehr als zwei Gramm Alpha-Linolensäure nötig sind, um auf die tägliche Dosis von 0,2 Gramm EPA und DHA zu kommen, muss man schon sehr viel Gemüse essen, vor allem wenn es sich um rohes Gemüse handelt. Im Fall von Rucola zum Beispiel (der immerhin 0,2 Gramm ALA pro 100 Gramm enthält) muss es mehr als ein Kilo (!) sein. Dies ist allerdings kein Grund, sich zu fragen, ob Gemüse wirklich zum Omegamenü gehört. Es sei nur an die gesunden Kreter erinnert, die besonders viel Gemüse gegessen haben. Außerdem ist Gemüse ein guter Lieferant von Ballaststoffen, Mineralien wie Eisen, Magnesium, Calcium und Vitaminen (darunter Folsäure) und Antioxidazien.

Kerne, Nüsse, Saaten und ihre Öle

Die Kerne, Nüsse und Saaten mit dem größten Gehalt an Alpha-Linolensäure sind Leinsamen, Walnüsse, Pecannüsse und Pinienkerne (variierend von ein bis 18 Gramm ALA pro 100 Gramm). Auch in Kürbiskernen, Pistazien, Paranüssen und Sesamsaat sind Spuren zu finden (zwischen 0,1 bis 0,4 Gramm ALA pro 100 Gramm). Haselnüsse, Cashewnüsse, Mandeln und Sonnenblumenkerne sind vor allem reich an Omega-6.

Von den meisten Omega-3-reichen Kernen, Nüssen und Saaten sind auch Öle erhältlich. Wenn Sie nach *Omega-3* kochen wollen, sollten Sie deshalb in ihrem Küchenschrank auch ein Plätzchen für Walnussöl, Kürbiskernöl und Sesamöl reservieren. Daneben sind auch Weizenkeimöl und Sojaöl gute Lieferanten von Omega-3.

Leinsamen und Leinöl

Leinsamen und Leinöl verdienen eine gesonderte Betrachtung, weil sie die besten Quellen für Alpha-Linolensäure sind. Ein Esslöffel Leinsamen enthält vier Gramm dieser gesunden Fettsäure. Daneben enthält Leinsamen besonders viele Ballaststoffe (gut für den Stuhlgang). Jedoch bleiben diese Stoffe im ganzen Samen eingeschlossen und verlassen den Körper wieder ungenutzt, wenn die Leinsamen nicht zuvor bearbeitet wurden. Darum ist es ratsam, die Samen kurz „puffen" zu lassen oder anders zu erwärmen, damit sie aufspringen, oder sie, zum Beispiel in der Kaffeemühle, fein zu mahlen. Für eine gute Omega-3-Zufuhr ist es noch besser, Leinöl zu verwenden. Ein Esslöffel davon enthält nämlich etwa zweimal so viel Omega-3 wie die Samen. Was das betrifft, ist Leinöl absolut einzigartig.

Im Gegensatz zu dem, was häufig vermutet wird, haben Leinsamen und Leinöl einen feinen, nussähnlichen Geschmack. Doch vor allem das Öl verdirbt schnell bei Wärme, Licht und Luft. Nach dem Öffnen sollte es möglichst nicht länger als zwei oder drei Wochen im Kühlschrank aufbewahrt werden. Danach entwickelt es einen fischartigen Geruch, der bereits das erste Zeichen dafür ist, dass das Öl schlecht geworden ist.

Hülsenfrüchte

Hülsenfrüchte (vor allem weiße Bohnen, Kapuziner-erbsen und Sojabohnen) können ebenfalls einiges an Omega-3 bieten. Ein weiterer Vorteil von Soja-bohnen und daraus hergestellten Produkten wie Tofu und Tempeh ist ihr niedriger Gehalt an gesättigtem Fett und Cholesterin. Hülsenfrüchte sind also eine willkommene Zutat für die Omegaküche. Daneben sind Hülsenfrüchte für eine gesunde Ernährung auch deshalb wichtig, weil sie reich an Eiweiß und Bal-laststoffen sind.

Eier

Früher scharrten die Legehennen ungestört in der Natur und pickten sich überall einige Kerne und Grünzeug heraus. Dies führte dazu, dass ihre Eier reichlich essenzielle Fettsäuren enthielten. Heute kommen Hühner kaum noch nach draußen. Es ver-wundert daher nicht, dass der Gehalt an essenziel-len Fettsäuren in Eiern mittlerweile sehr niedrig ist. Seitdem bekannt ist, wie gesund Omega-3-Fettsäu-ren sind, werden aber neuerdings manche Hühner mit besonders Omega-3-reichem Futter gefüttert. Deren Eier enthalten dann auch wieder reichlich essenzielle Fettsäuren.

... und was Sie sonst noch essen sollten

Innerhalb des Omegamenüs spielen Produkte, die reich an Omega-3-Fettsäuren sind, die Hauptrolle. Viel Fisch, Leinsamen, Walnüsse und Gemüse also. Dies klingt allerdings noch etwas zu eintönig, um damit seine ganze Ernährung zu bestreiten. Und das ist es natürlich auch.

Gute Lebensmittel

Wie im ersten Kapitel schon ausgeführt, dürfen neben Fetten auch Eiweiße und Kohlehydrate in einer vollwertigen Ernährung nicht fehlen. Ebenso wenig wie Vitamine, Mineralien, Ballaststoffe und Flüssigkeit. Gesund essen bedeutet – auch wenn man sich nach Omega ernährt – gut aus der Fülle an Lebensmitteln auszuwählen. Dies tun Sie, wenn Sie täglich Lebensmittel aus jeder der folgenden Grup-pen zu sich nehmen.

Brot, Kartoffeln, Reis, Nudeln oder Hülsenfrüchte

Gemüse und Obst

Milchprodukte, Fleisch, Fisch, Ei oder Sojaprodukte

Schalen- und Krustentiere

Schalen- und Krustentiere enthalten erheblich weni-ger Omega-3-Fettsäuren als Fisch. Dennoch passen sie sehr gut in das Omegamenü, weil in Garnelen, Miesmuscheln, Austern, Krebsen und anderen Mee-resfrüchten zumindest immer ein wenig EPA und DHA zu finden ist (variierend von etwa 0,1 bis 0,5 Gramm EPA und DHA pro 100 Gramm). Früher wurde empfohlen, Schalen- und Krustentiere wegen ihres hohen Cholesteringehaltes zu meiden. Doch eine solche Empfehlung gilt im Rahmen der neueren Erkenntnisse zum Thema Cholesterin als veraltet.

- Wählen sie magere oder fettreduzierte Milchprodukte. Diese enthalten nur wenig gesättigte Fettsäuren und Transfettsäuren.

- Verwenden Sie mageres Fleisch.

- Essen Sie öfter mal Geflügel oder Wild. Dies sind Tiere, die sich vielseitig ernährt haben und deren Fleisch relativ wenig Fett und verhältnismäßig wenig gesättigte Fettsäuren oder Transfettsäuren sowie mehr mehrfach ungesättigte Fettsäuren wie Omega-3 und Omega-6 enthält.

- Kochen Sie öfter mal mit Sojaprodukten wie Tempeh, Tofu, Yofu und Sojarahm. Die Fettsäurenzusammenstellung dieser Produkte ist günstig: eine minimale Menge gesättigter Fettsäuren neben einer beachtlichen Menge ungesättigter.

Fette und Öle

- Neben den Omega-3-Ölen sollten Sie ein Öl verwenden, das reich an einfach ungesättigten Fettsäuren ist, wie zum Beispiel Olivenöl. Olivenöl passt hervorragend in das Omegamenü. Anders als Leinöl, Walnussöl und Kürbiskernöl ist Olivenöl nämlich auch zum Braten, Backen und Erhitzen geeignet.

- Es gibt auch Diätmargarinen und fettreduzierte Margarinen sowie Back- und Bratfette, die reich an mehrfach ungesättigten Fettsäuren sind. Schauen Sie auf dem Etikett nach Ausdrücken wie „Reich an Linolensäure und Linolsäure". In solchen Produkten ist auch Omega-6 zu finden. Aber sie sind allemal besser als Produkte mit gesättigten Fettsäuren.

- Wo es so eine reiche Vielfalt an Omega-3-Ölen gibt, beschränken Sie den Gebrauch von Erdnussöl, Sonnenblumenöl und Maisöl. Diese enthalten relativ viel Omega-6. Das ist zwar gesund, aber nicht immer günstig, wenn Sie bestrebt sind, das Gleichgewicht zwischen Omega-3 und Omega-6 zu bewahren.

Besser nicht ...

Omega-3 steht nicht für eine strenge Diät, bei der bestimmte Produkte völlig verteufelt werden. Wir sprechen lieber davon, bestimmte Lebensmittel so wenig wie möglich zu essen. Wenn Sie regelmäßig nach der Omegadiät kochen und ab und zu einmal „sündigen", ist das also kein Grund zur Panik. Denn wenn Ihr Körper ausreichend mit Omega-3 versorgt ist, ist er gegen einiges gewappnet.

Unsichtbar

Wir haben gesehen, dass es innerhalb des Omegamenüs Sinn macht, sich vor allem auf die einfach und mehrfach ungesättigten Fettsäuren zu konzentrieren und die gesättigten und Transfettsäuren zu meiden. Das ist aber gar nicht so einfach. Denn die ungesättigten Fettsäuren sind häufig die besser erkennbaren Fette, die als Brotaufstrich (Diätmargarine) oder beim Kochen (Olivenöl) verwendet werden. Die gesättigten Fettsäuren und Transfettsäuren dagegen verstecken sich oft zum Beispiel in fettem Fleisch, Wurstwaren, in Hähnchenhaut, Käse und fetten Milchprodukten. Denken Sie auch daran, dass Kekse, Kuchen und Cracker viel von diesen ungünstigen Fettsäuren enthalten. Es schadet jedenfalls nicht, die Etiketten genau unter die Lupe zu nehmen. Auf den meisten wird der Fettanteil aufgeteilt in gesättigte, einfach ungesättigte und mehrfach ungesättigte Fettsäuren. Und letztere zeigen an, ob Omega-Fettsäuren im Produkt zu finden sind (die in der Regel vom Omega-6 Typ sein werden).

Ab in die Küche ... (Küchentipps)

Beim Backen und Braten wird bei der Omegadiät meist Olivenöl verwendet. Mit seinen einfach ungesättigten Fettsäuren ist dieses Öl besser gegen Einflüsse wie Licht, Luft und Hitze geschützt. Leinöl, Kürbiskernöl und Walnussöl sind vor allem für Dressings, Tapenaden und (kalte) Soßen geeignet oder um zum Beispiel gedünstetes Gemüse damit zu beträufeln.

Die meisten Fischsorten können roh gegessen werden. Weiter gilt für Fisch, dass pochieren, dünsten, grillen und backen gute Garmethoden sind – ebenso wie für Fleisch (wobei Sie die Garzeiten an die verschiedenen Fleischsorten wie Rind- Schweine- und Hähnchenfleisch anpassen müssen). Gemüse lässt sich gut blanchieren, dünsten oder grillen. Auch roh ist es meist sehr schmackhaft.

Für alle Zutaten gilt, dass Abwechslung bei der Zubereitung wichtig ist. Sie werden in den Rezepten von Omega-3 daher verschiedene Garmethoden kennen lernen.

Nahrungsergänzungsmittel

Essen nach dem Omegamenü ist lecker und einfach. Für Zeiten in denen es – aus welchen Gründen auch immer – etwas schwieriger ist, sich vernünftig zu ernähren, sind Nahrungsergänzungsmittel erhältlich, die semi-essenzielle Fettsäuren in standardisierter Menge enthalten. Suchen Sie auf dem Etikett nach EPA und DHA (dieselben Omega-3-Fettsäuren, die in fettem Fisch enthalten sind). Es gibt auch Produkte, die Fischöl beispielsweise mit Nachtkerzenöl kombinieren. Die Nachtkerze ist ein guter Lieferant für Omega-6-Fettsäuren. In Anbetracht dessen, dass wir davon schon ausreichend über unsere normale Ernährung erhalten, ist es besser, nach Produkten zu suchen, die allein Omega-3 enthalten.

Es wird empfohlen, Fischöl-Kapseln mit Augenmaß zu verwenden und – sobald als möglich – wieder zu einer Omega-3-reichen Ernährungsweise zurückzukehren. Mit einer hoch dosierten Einnahme an Fischöl ist nämlich eine Anzahl an Nachteilen verbunden. Ein Zuviel an Fischöl kann beispielsweise die Blutgerinnung negativ beeinflussen (Wunden bluten dann zu lange).

> **Tipp:** EPA und DHA sind Stoffe, die empfindlich auf Licht, Luft und Hitze reagieren, also achten Sie bei Nahrungsergänzungsmitteln darauf, dass die Kapseln undurchsichtig sind, die Packung dicht schließt und an einem kühlen und dunklen Platz aufbewahrt wird.

telmarkt. Ganz so bunt wie die Asiaten treiben wir es aber in Europa noch nicht. In Japan gibt es nämlich schon Kekse, Sportgetränke, Milch, Nudeln, Tofu, Joghurt, und Snacks, denen Omega-3 zugesetzt wurde. Und die Amerikaner wären nicht Amerikaner wenn sie diesen Stoff nicht Hamburgern zusetzen würden. Was natürlich schon ein wenig widersinnig erscheint …

Erläuterung zu den Rezepten

Alle Rezepte sind für vier Personen berechnet, außer wenn es anders angegeben ist. Bei den Zutaten wird immer von Eiern ausgegangen, die mit Omega-3 angereichert sind.

Wenn ein Rezept reich an Omega-3 Fettsäuren ist, ist dieses mit einem Ω gekennzeichnet. Die übrigen Rezepte enthalten wenig bis gar kein Omega-3. Durch die Wahl der Zutaten, die Zubereitung und den mediterranen Charakter passen sie aber ausgezeichnet zum Omegamenü.

Abkürzungen

EL	=	Esslöffel
TL	=	Teelöffel
ml	=	Milliliter
l	=	Liter
g	=	Gramm
kg	=	Kilogramm

Darüber hinaus enthält Fischöl viel Vitamin A und D – beides Stoffe, die in einer hohen Konzentration toxisch wirken können.

Functional food

Neben Nahrungsergänzungsmittel gibt es auch so genanntes „Functional food" für die Menschen, die nicht genug Zeit haben, sich selbst ein Omegamenü zusammenzustellen. Dies sind gängige Produkte, denen ein zusätzlicher Nährstoff zugefügt wurde. Denken Sie zum Beispiel an Milch mit extra Calcium oder Margarine mit Vitamin-E-Zusatz. Brot, dem Omega-3 zugefügt wurde, wird in Skandinavien schon seit längerem verkauft, mittlerweile ist es aber auch in Frankreich, den Niederlanden und Deutschland zu finden. Bei uns sind auch Eier mit extra viel Omega-3 erhältlich. Jedes für sich genommen, sind dies attraktive Neuerungen auf dem Lebensmit-

Frühstück

Frühstücks-Smoothie

400 g Honigmelone, in Würfel geschnitten
200 g Ananas, in Würfel geschnitten
1 Avocado, in kleine Stücke geschnitten
150 g tiefgekühltes Kokosmark mit Saft
4 EL Leinsamen
Saft von 4 Orangen

1 Melonen- und Ananaswürfel mindestens
   4 Stunden vorher einfrieren.
2 Die gefrorenen Früchte mit der Avocado, dem
   Kokosfleisch und der Kokosmilch, den Leinsamen
   und dem Orangensaft mixen.

Joghurt mit Honig und Müsli

600 g griechischer Joghurt
2 EL Honig
2 EL Sonnenblumenkerne
2 EL Mandeln
4 EL Leinsamen
Saft von 2 Orangen
2 EL fertig gemischtes Müsli

1 Sonnenblumenkerne kurz mit den Mandeln und
   den Leinsamen anrösten.
2 Honig und Orangensaft zufügen und die
   Mischung abkühlen lassen.
3 Müsli hinzufügen und das Ganze mit dem Joghurt
   servieren.

Tipp: Für noch mehr Omega-3-Fettsäuren die Mandeln
durch Walnüsse ersetzen.

Ω

Frühstückskuchen mit Feigen

(30 Stück)

100 g getrocknete Feigen, fein
gehackt
2 EL Honig
4 EL Buchweizen
4 EL Leinsamen
4 EL Rohrzucker
1 EL Olivenöl
2 EL Walnussöl
200 g Mehl mit Backpulver

1 Die Feigen mit dem Honig und 150 ml Wasser
  aufkochen und 5 Minuten ziehen lassen.
2 Den Buchweizen, die Leinsamen und den Zucker
  zusammen mit dem Olivenöl etwa 2 Minuten
  erhitzen und karamellisieren lassen.
3 Die Buchweizenmischung mit dem Feigenpüree
  und dem Walnussöl mischen und das Mehl zügig
  unterheben. Abkühlen lassen.
4 Mit einem Löffel auf einem Backblech portionieren
  und die Kekse platt drücken.
5 Die Kekse bei 160 °C circa 30 Minuten
  knusprig backen.

Tipp: Besonders lecker mit etwas Marmelade
oder zum Tee.

Kleine Leinsamenbrötchen

500 g Weizenmehl
1 EL Trockenhefe
1 TL Rohrzucker
2 EL Kerne (Kürbiskerne,
Sonnenblumenkerne oder
Buchweizen)
1 TL Salz
320 ml warmes Wasser
2 Eigelbe (möglichst von Eiern, die
mit Omega-3-Fettsäuren angereichert sind)
2 EL gemahlene Leinsamen

1 Mehl, Hefe, Zucker und die Kerne mit Salz,
   Wasser und den Eigelben vermischen und zu
   einem weichen Teig verkneten.
2 Den Teig in Brötchen von ungefähr drei
   Zentimeter Durchmesser teilen, diese anfeuchten
   und mit Leinsamen bestreuen.
3 Die Teigbällchen ungefähr 18 Minuten im etwa
   45 °C warmen Ofen aufgehen lassen, bis sie
   etwa den doppelten Umfang erreicht haben.
4 Den Ofen auf 220 °C einstellen und die Brötchen
   in etwa 18 Minuten fertig backen.

Spinatomelett

400 g frischer Spinat, entstielt
6 aufgeschlagene Eier (möglichst mit
Omega-3-Fettsäuren angereichert)
2 EL Olivenöl
1 Kartoffel, fein gewürfelt
2 Schalotten, fein gewürfelt
Salz und Pfeffer

1 Das Olivenöl in einer schweren Pfanne erhitzen.
  Die Schalotten und die Kartoffelwürfel etwa
  2 Minuten darin rösten.
2 Den Spinat dazugeben und etwa eine Minute
  lang zusammenfallen lassen.
3 Die Eier dazugeben, mit Salz und Pfeffer
  abschmecken und kurz umrühren, bis sich das Ei
  gleichmäßig in der Pfanne verteilt hat.
4 Die Hitze reduzieren und die Ei-Mischung stocken
  lassen, ohne sie umzurühren.
5 Das Omelett umgedreht auf einem Teller
  servieren.

Rührei mit Lachs

4 aufgeschlagene Eier (möglichst mit
Omega-3-Fettsäuren angereichert)
250 g Räucherlachs in Scheiben
2 EL Olivenöl
1 Schalotte, fein gewürfelt
4 Bundzwiebeln, klein geschnitten
4 EL Sauerrahm (oder Quark)
Salz und Pfeffer

1 Das Olivenöl in einer Pfanne erhitzen. Die
   Bundzwiebeln und die Schalotte darin etwa
   1 Minute braten.
2 Die Eier dazugeben und etwa 1 Minute unter
   konstantem Rühren braten.
3 Die Eier mit Salz und Pfeffer abschmecken.
4 Das Rührei auf angewärmten Tellern verteilen und
   mit Räucherlachs und Sauerrahm anrichten.

Ω

Sandwich mit Makrele und Ingwer

12 Scheiben Vollkornbrot

400 g Makrelen im eigenen Saft aus
der Dose

1 TL kandierter Ingwer, fein gehackt

4 EL Joghurt

1 saurer Apfel, in kleinen Würfeln

2 EL gehackte Haselnüsse

8 Blätter Eisbergsalat

1 Die Makrelen von eventuellen Gräten oder
   Hautstücken befreien und abtropfen lassen.
2 Den abgetropften Fisch mit dem Joghurt vermischen und die Mischung mit Ingwer abschmecken.
3 Die Apfelstücke und die gehackten Haselnüsse
   hinzufügen.
4 Auf einem Sandwich mit Eisbergsalat servieren.

Thunfischsalat auf Toast

400 g Thunfisch aus der Dose, im
eigenen Saft
4 Scheiben geröstetes Brot
1 Salatgurke, in Würfel geschnitten
und von Kernen befreit
1 EL glatte Petersilie, klein geschnitten
3 EL Olivenöl
1 EL Zitronensaft
1/2 Kopf Salat, geputzt
6 Cherrytomaten, geviertelt
1 Schalotte, in Ringe geschnitten
Pfeffer

1 Den Thunfisch abtropfen lassen und eventuelle
   Gräten entfernen. Den abgetropften Thunfisch mit
   Gurke und Petersilie mischen.
2 Die Thunfischmischung mit Olivenöl, Zitronensaft
   und Pfeffer abschmecken.
3 Die Brotscheiben mit Salat bedecken,
   Thunfischmischung darauf geben.
4 Mit Tomaten und Schalottenringen garnieren.

Vorspeisen

Mediterraner Salat

1 Knoblauchzehe, gehackt
1 rote Chilischote, entkernt und
gehackt
1 Schalotte, fein gewürfelt
2 EL Olivenöl
1 rote Paprikaschote in kleinen Würfeln
4 gehackte Sardellenfilets
300 g Zuckererbsen
4 Eiertomaten in Würfeln
2 EL Zitronensaft
1 Kopf Romasalat, geputzt
½ Bund Basilikum, geputzt
2 EL glatte Petersilie, klein
geschnitten
Salz und Pfeffer

1 Knoblauch, Chilischote und Schalotte kurz in
  Olivenöl anbraten.
2 Paprika, Sardellen und Zuckererbsen dazugeben
  und 2–3 Minuten mitbraten.
3 Tomatenstücke hinzufügen und ebenfalls kurz mitbraten. Mit Zitronensaft abschmecken.
4 Die Salatblätter mit Basilikum und Petersilie vermischen, die Sardellenmischung unterheben.
5 Mit Salz und Pfeffer abschmecken.

Tipp: Für einen vegetarischen Salat die Sardellen durch
4 EL Leinöl ersetzen.

Salat von Bohnen und Artischocken

400 g Bohnen, geputzt
2 Artischockenböden (vorzugsweise
frisch), in kleinen Würfeln
2 EL Zitronensaft
1 Schalotte, gewürfelt
2 EL Olivenöl
1 grüne Chilischote, ohne Kerne, in
dünnen Streifen
2 EL Walnussöl
1 EL Kürbiskerne, geröstet
1 EL Petersilie, klein geschnitten
Salz und Pfeffer

1 Die Artischockenböden mit Zitronensaft,
   Schalotte, Olivenöl und Chilischote mischen. Die
   Mischung mit Salz und Pfeffer abschmecken.
2 Die Bohnen ungefähr 12 Minuten bissfest blanchieren.
3 Die Artischockenmischung mit den Bohnen
   mischen und mit Walnussöl abschmecken.
4 Mit Kürbiskernen und Petersilie garnieren.

Tipp: Mit geriebenem Ziegenhartkäse bestreuen.

Spinatsalat mit Walnüssen und Feta

250 g frischer Blattspinat, gewaschen
und geputzt
100 g Walnüsse
100 g Fetakäse, gewürfelt
1 rote Zwiebel, in Ringe geschnitten
2 hart gekochte Eier (möglichst mit
Omega-3-Fettsäuren angereichert),
klein gehackt
2 EL geröstete Kürbiskerne

Für das Dressing:
3 EL Kürbiskernöl
2 EL Balsamico
1 EL körniger Senf
Salz und Pfeffer

1 Das Dressing mischen und damit den Spinat
  anmachen.
2 Die Nüsse, den Feta und die Zwiebelringe darüber verteilen.
3 Mit den Eiern und den Kürbiskernen garnieren.

Tipp: Das Kürbiskernöl kann durch Oliven-, Walnuss- oder
Leinöl ersetzt werden oder durch eine Mischung dieser Öle.

Grüner Kartoffelsalat

400 g festkochende Kartoffeln
400 g grüne Bohnen (Schnittbohnen,
Brechbohnen oder eine Mischung
davon)
2 EL Olivenöl
2 El Walnussöl
1 Schalotte, in Ringe geschnitten
1 EL Zitronensaft
2 hart gekochte, gehackte Eier
(möglichst mit Omega-3-Fettsäuren
angereichert)
2 EL frische Kräuter (etwa
Schnittlauch und Kerbel)
1 EL geröstete Pinienkerne
Salz und Pfeffer

1 Die Kartoffeln in der Schale gar kochen.
2 Die Bohnen in reichlich kochendem Salzwasser
  2 Minuten lang blanchieren.
3 Die Kartoffeln noch warm pellen und in Scheiben
  schneiden.
4 Oliven- und Nussöl mit der Schalotte, dem
  Zitronensaft und etwas Salz und Pfeffer mischen.
  Die Kartoffelscheiben darin etwa 10 Minuten
  marinieren.
5 Die Kartoffelscheiben mit den Bohnen und den
  gehackten Eiern mischen.
6 Mit frischen Kräutern und Pinienkernen garnieren.

Tipp: Alten Hartkäse darüber streuen.

Ω

Paprikasalat mit Zwiebel und Sardellen

2 rote Paprikaschoten

1 rote Zwiebel, in dünnen Ringen

8 Sardellenfilets, in dünnen Streifen

4 Tomaten, in Stücke geschnitten

4 EL Olivenöl

1 EL Rotweinessig

1 EL glatte Petersilie, klein
geschnitten

12 schwarze Oliven

Salz und Pfeffer

1 Die Paprikaschoten auf ein mit Alufolie ausgelegtes Backblech legen und für 40 Minuten in den 220 °C heißen Ofen stellen, bis die Haut Blasen wirft. Herausnehmen und in Alufolie eingeschlagen etwa 15 Minuten abkühlen lassen.

2 Die Haut von den abgekühlten Paprikaschoten abziehen. Paprika in breite Streifen schneiden und auf einen Teller legen.

3 Die Zwiebelringe und die Tomatenstücke auf den Paprikaschoten anrichten.

4 Öl, Essig und Sardellen mit Salz und Pfeffer mischen und den Salat damit anmachen.

5 Mit Petersilie und Oliven garnieren.

Tipp: Wenn es schnell gehen soll, können fertig geröstete und enthäutete Paprikaschoten aus dem Glas verwendet werden.

Avocado mit Krabben

2 Avocados
400 g Nordmeerkrabben
1 EL Olivenöl
2 EL Walnussöl
1 EL Korianderblätter
1 rote Chilischote, entkernt und
gehackt
2 EL Zitronensaft
1 Schalotte, fein gewürfelt
1 hart gekochtes Ei (möglichst mit
Omega-3-Fettsäuren angereichert),
gehackt
Salz

1 Die Avocados der Länge nach halbieren und die
  Kerne herausnehmen. Die Hälften aushöhlen, bis
  nur noch eine Wand von etwa 1 cm stehen
  bleibt. Das herausgenommene Fruchtfleisch in
  Stücke schneiden.
2 Oliven- und Nussöl mit Avocadostücken,
  Koriander, Chili, Zitronensaft, Schalotte, Ei und
  etwas Salz mischen.
3 Die Krabben etwa 10 Minuten in dieser Mischung
  ziehen lassen.
4 Die ausgehöhlten Avocados mit der
  Krabbenmischung füllen.

Garnelen mit Knoblauchsoße

20 mittelgroße Garnelen, in der
Schale gekocht
4 Knoblauchzehen, in dünnen
Scheibchen
8 EL Olivenöl
1 Schalotte, fein gewürfelt
1 Tomate, in Stückchen geschnitten
1 rote Chilischote, entkernt und
gehackt
1 EL glatte Petersilie, klein
geschnitten
Salz

1 Die Garnelen schälen und das Fleisch zur Seite
   stellen.
2 Die Garnelenschalen und -köpfe in 4 EL Olivenöl
   knusprig braten.
3 Schalotte und Tomate mit 4 EL Wasser dazugeben
   und 1 Minute lang mitdünsten lassen.
4 Die Mischung durch ein Sieb gießen und
   Flüssigkeit herauspressen.
5 Die Knoblauchscheiben und die gehackte
   Chilischote mit der abgesiebten Flüssigkeit und
   4 EL Olivenöl vermischen und wieder 1 Minute
   lang aufkochen lassen.
6 Kurz vor dem Servieren die Garnelen hinzugeben
   und diese ungefähr 2 Minuten bei niedriger Hitze
   erhitzen. Nicht kochen!
7 Die Garnelen mit Salz und Petersilie
   abschmecken.

Ω

Marinierte Sardinen mit Knoblauchdressing

8 Sardinen
4 Knoblauchzehen, in dünne
Scheibchen geschnitten
1 rote Chilischote, entkernt und
gehackt
1 EL Petersilie, klein geschnitten
4 EL Olivenöl
1 Bund frische Kräuter oder Salat
(wie Rucola oder Brunnenkresse)
8 EL Salz
Pfeffer

1 Die Sardinen von der Haut, den Eingeweiden und
  den Köpfen befreien (oder beim Fischhändler
  säubern lassen).
2 Mit den 8 EL Salz und etwas Pfeffer bestreuen
  und fest mit Küchenfolie umwickeln. Im
  Kühlschrank etwa ein bis zwei Stunden marinieren lassen.
3 Die Sardinen dann kurz unter fließendem Wasser
  abspülen und trocken tupfen.
4 Knoblauchscheiben mit Chilischote, Petersilie und
  Olivenöl mischen.
5 Zusammen mit den Sardinen und den Kräutern
  oder Salatblättern servieren.

Ω

Heringscocktail mit Apfel und Dill

4 Matjes
1 saurer Apfel, gewürfelt
1 EL Dill
1 gekochte Pellkartoffel
1 Schalotte, in feine Ringe
geschnitten
2 saure Gurken, in kleinen Würfeln
2 EL Olivenöl
1 EL Zitronensaft
½ Kopf Salat, geputzt und
gewaschen
Salz und Pfeffer

1 Die Matjes filetieren und in etwa 1 cm breite
  Streifen schneiden.
2 Die Kartoffel pellen und in kleine Würfel
  schneiden.
3 Die Kartoffeln mit den Matjes, dem Apfel, der
  Schalotte, den Gurken sowie dem Olivenöl,
  Zitronensaft und etwas Salz und Pfeffer mischen
  und etwa eine Viertelstunde ziehen lassen.
4 Die Salatblätter auf vier Cocktailgläser
  verteilen, den Matjescocktail
  darauf geben und mit Dill garnieren.

Geräucherte Makrele mit Cherrytomaten

4 geräucherte Makrelenfilets

1 Schale Cherrytomaten

2 cm Ingwerwurzel, klein gehackt

2 EL Olivenöl

1 Bund Dill

1 Schalotte, fein gewürfelt

2 EL milder Weißwein

1 EL Zitronensaft

Salz und Pfeffer

1 Die Tomaten mit Ingwer und Olivenöl mischen.

2 Bei 160 °C im Backofen etwa 15 Minuten garen. Während der letzten zwei Minuten der Garzeit die Makrelen mit in den Ofen geben und erwärmen.

3 Die Tomatenmischung mit Dill, Schalotte, Wein und Zitronensaft mischen und mit Salz und Pfeffer abschmecken.

4 Die Makrelen lauwarm zu den Ofentomaten servieren.

Gebratene Muscheln

24 frische Miesmuscheln,
in der Schale
2 EL Olivenöl
1 Schalotte, fein gewürfelt
2 Knoblauchzehen, gehackt
Saft einer halben Zitrone
1 EL glatte Petersilie, klein
geschnitten
Pfeffer

1 Das Olivenöl in einer großen Pfanne erhitzen. Die
  Schalotte und den Knoblauch kurz anbraten.
2 Die Muscheln dazugeben und etwa 5 Minuten
  gar braten. Mit Pfeffer und Zitronensaft
  abschmecken.
3 Die Muscheln mit Petersilie garnieren und als
  Vorspeise oder Tapa servieren.

Lachstatar mit Tomaten

500 g frisches Lachsfilet, in kleine
Würfel geschnitten
8 Tomaten
2 EL Olivenöl
Saft und Schale von 2 Zitronen, die
Schale in dünne Streifen geschnitten
4 Frühlingszwiebeln, in Stücke
geschnitten
2 EL Koriander, klein geschnitten
1 grüne Chilischote, entkernt und
gehackt
1 cm Ingwerwurzel, gehackt
2 EL Schnittlauch
2 EL Balsamico
Salz und Pfeffer

1 Die Tomaten halbieren und mit 2 EL Olivenöl, der
  Zitronenschale und etwas Salz und Pfeffer
  mischen.
2 Tomatenhälften mit der Schnittfläche nach oben
  auf ein Blech legen und bei 150 °C etwa ein bis
  zwei Stunden im Backofen garen.
3 Die Lachswürfel mit Frühlingszwiebeln, Koriander,
  Chili, Ingwer, Schnittlauch, Zitronensaft und etwas
  Salz mischen. Etwa ein bis zwei Stunden im
  Kühlschrank ziehen lassen.
4 Die Ofentomaten mit Balsamico mischen (vorher
  die Zitronenschale entfernen) und zum Lachstatar
  servieren.

Tipp: Einen großen Bogen Reispapier in Stücke schneiden,
in 1 EL Olivenöl knusprig braten und den Lachstatar darin
servieren.

Lachs mit Balsamico

400 g Lachsfilet

30 ml Balsamico

10 getrocknete Tomaten, in Wasser
eingeweicht

50 ml Olivenöl

10 g Oliven ohne Kerne, in Streifen
geschnitten

1 Schalotte, fein gewürfelt

2 EL Weißwein

Salz und Pfeffer

1 Die Tomaten in feine Streifen schneiden.
2 Die Tomatenstreifen mit Olivenöl, Balsamico,
   Oliven und Schalotte mischen und in einer
   Pfanne erhitzen.
3 Die Mischung etwa 5 Minuten ziehen lassen.
   Nach Geschmack Einweichflüssigkeit und
   Weißwein zufügen.
4 Die Lachsfilets von eventuellen braunen Stellen
   befreien und in dünne Scheiben schneiden.
   Zwischen Küchenfolie platt drücken und in vier
   Portionen aufteilen.
5 Gut vorgewärmte Teller dünn mit dem Dressing
   bestreichen.
6 Die Lachsscheiben auf den heißen Tellern
   verteilen, sie garen dabei ein wenig.
7 Das restliche Dressing auf dem Lachs verteilen.
   Mit Salz und Pfeffer abschmecken.

Hähnchensalat mit Fenchel und Orangen

250 g geräucherte Hähnchenbrust
(vorzugsweise Freilandhähnchen), in
dünnen Scheiben
2 Orangen
4 EL Fenchel, in Streifen geschnitten
2 EL Olivenöl
4 Sardellenfilets, gehackt
1 Stange Staudensellerie, in dünne
Streifen geschnitten
1 Kopfsalat, gewaschen und geputzt
100 g grüne Oliven, in Scheiben
geschnitten
Pfeffer

1 Die Orangen bis auf das Fruchtfleisch schälen
  und filetieren, dabei den Saft auffangen.
2 Das Olivenöl in einer Schüssel mit dem
  Orangensaft mischen.
3 Das Dressing mit Sardellen und etwas Pfeffer
  abschmecken.
4 Die Staudensellerie- und Fenchelstreifen mit dem
  Dressing mischen.
5 Die Hähnchenbrust über den Salatblättern
  verteilen und das Dressing darüber geben.
6 Mit den Oliven garnieren.

Rote-Beete-Suppe

2 Rote Beeten, gekocht, geschält
und in Würfel geschnitten
1 l Gemüsebrühe
12 Kartoffeln, geschält und in feine
Würfel geschnitten
1 Knoblauchzehe, in Scheibchen
geschnitten
1 Schalotte, fein gewürfelt
2 EL Leinsamen
1 EL Olivenöl
4 EL Saure Sahne

1 Die Roten Beeten in der Gemüsebrühe erhitzen
  und mit einem Pürierstab zerkleinern.
2 Die Kartoffelwürfel mit Knoblauch, Schalotte und
  Leinsamen etwa 2 Minuten in Olivenöl anbraten.
3 Die Brühe mit den Roten Beeten zufügen und
  zusammen etwa 10 Minuten kochen lassen.
4 Mit einem Klecks Saurer Sahne garnieren.

Zucchinisuppe mit Ei und Basilikum

Ω

12 Zucchini, in kleine Würfel
geschnitten
2 Eier (möglichst mit Omega-3-
Fettsäuren angereichert)
2 EL Basilikumblätter, fein
geschnitten
2 EL Olivenöl
1 l Gemüse- oder Hühnerbrühe
2 EL Pecorino, gerieben
Salz und Pfeffer

1 Das Öl in einer Pfanne erhitzen und die
  Zucchiniwürfel darin langsam glasig dünsten.
2 Die Brühe hinzufügen und die Suppe bei kleiner
  Hitze 15 Minuten kochen lassen.
3 Die Eier verrühren und mit Pecorino und Basilikum
  mischen.
4 Einige Löffel heiße Suppe in die Ei-Mischung einrühren und diese dann unter ständigem Rühren in
  die Suppe geben.
5 Die Suppe noch einmal kurz erhitzen, aber nicht
  kochen lassen. Mit Salz und Pfeffer abschmecken.

Tipp: Statt Pecorino kann auch Parmesan verwendet
werden.

Brunnenkressesuppe mit Frühlingszwiebeln und Garnelen

2 Bund Brunnenkresse

4 Frühlingszwiebeln

12 mittelgroße Garnelen

1 Stängel Zitronengras

1 EL Sesamöl

2 cm Ingwerwurzel, klein gehackt

1 l Fischbouillon

1 EL thailändische Fischsoße

1 Die Garnelen schälen, dabei die Schalen aufbewahren.

2 Das Zitronengras und die Frühlingszwiebeln der Länge nach durchschneiden.

3 Das Öl im Wok erhitzen. Garnelenschalen, Ingwer, Knoblauch und Zitronengras zufügen und unter Rühren anbraten bis sich die Schalen verfärben.

4 Die Fischbouillon zufügen und 15 Minuten ziehen lassen. Die Bouillon durch ein Sieb geben.

5 Die Brunnenkresse zur Fischbouillon geben und mit einem Stabmixer pürieren.

6 Garnelen, Frühlingszwiebeln und Fischsoße zufügen und die Suppe noch einmal erwärmen bis die Garnelen gar sind.

Tipp: Für noch mehr Omega-3-Fettsäuren die Suppe mit Leinöl anreichern.

Blumenkohlsuppe mit Maronen

300 g Blumenkohlröschen
150 g Maronen aus der Dose
1 Schalotte, fein gewürfelt
1 Knoblauchzehe, gehackt
2 cm Ingwerwurzel, gehackt
100 g Walnüsse
1 EL Olivenöl
1 l Gemüsebrühe
1 TL Balsamico
2 EL Petersilie, gehackt
Salz und Pfeffer

1 Die Blumenkohlröschen mit Schalotte, Knoblauch,
  Ingwer, 100 g Maronen und 50 g Walnüssen
  eine Minute lang im Olivenöl anbraten.
2 Die Brühe zufügen und etwa 15 Minuten kochen
  lassen, bis der Blumenkohl und die Maronen gar
  sind.
3 Die Suppe mit dem Stabmixer pürieren und mit
  Salz, Pfeffer und Balsamico abschmecken.
4 Die restlichen Maronen und Walnüsse mischen
  und die Suppe damit garnieren. Mit Petersilie
  bestreuen.

Kürbissuppe mit Pistazien

750 g Kürbisfruchtfleisch, in Würfel
geschnitten
100 g Pistazien
1 Schalotte, fein gewürfelt
1 Knoblauchzehe, klein gehackt
1 cm Ingwerwurzel, gehackt
1 EL Olivenöl
0,75 l Gemüse- oder Hühnerbrühe
2 Kartoffeln, geschält und gewürfelt
1 grüne Chilischote, entkernt und
gehackt
2 EL Walnussöl
2 EL Saure Sahne
Salz und Pfeffer

1 Die Schalotte mit Knoblauch und Ingwer ungefähr
  eine Minute lang im Olivenöl anbraten.
2 Die Kürbiswürfel und die Hälfte der Pistazien
  hinzufügen und drei Minuten lang mitbraten.
3 Mit der Brühe ablöschen, Kartoffeln und
  Chilischote zugeben und die Suppe bei niedriger
  Hitze 20 Minuten lang ziehen lassen.
4 Die Suppe mit einem Stabmixer pürieren und mit
  Salz, Pfeffer, Walnussöl und Saurer Sahne
  abschmecken.
5 Mit den restlichen Pistazien garnieren.

Grüne Suppe mit Garnelen

300 g frischer Blattspinat
200 g Garnelen
1 Schalotte, fein gewürfelt
1 Kartoffel, geschält und in kleine
Würfel geschnitten
1 EL Olivenöl
300 g Zuckererbsen
4 Sardellenfilets
600 ml Hühnerbrühe
1 EL Petersilie, klein geschnitten

1 Die Schalotte mit den Kartoffelwürfeln etwa eine
  Minute lang in Olivenöl glasig dünsten.
2 Die Erbsen zugeben und eine Minute mitbraten.
3 Die Sardellen und den Spinat ebenfalls zugeben
  und eine Minute lang mitbraten.
4 Die Brühe angießen und 2 Minuten lang kochen
  lassen.
5 Die Suppe mit dem Stabmixer pürieren und mit
  den Garnelen und der Petersilie garnieren.

Fischsuppe

4 kleine Nordsee-Seezungen,
filetiert
4 Sardellenfilets, gehackt
300 g frische Miesmuscheln, in der
Schale
1 Schalotte, fein gewürfelt
1 EL Olivenöl
700 ml ungesalzene Fischbouillon
(siehe Tipp unten)
1/2 Stange Staudensellerie, in Stücke
geschnitten
400 g Tomatenwürfel aus der Dose
1 EL Petersilie, klein geschnitten

1 Die Schalotte und die Sardellen etwa 2 Minuten
   im Olivenöl anschmoren.
2 Die Bouillon angießen.
3 Staudensellerie und Tomaten zugeben.
4 Die Seezungen und die Muscheln zufügen und
   etwa 6 Minuten bei kleiner Hitze gar ziehen
   lassen.
5 Die Suppe auf vier Suppenschalen verteilen und
   mit Petersilie garnieren.

Tipp: Fragen Sie Ihren Fischhändler nach Gräten und
machen Sie daraus selbst Ihre Fischbouillon: Nachdem die
Schalotten angeschmort wurden, Gräten zufügen und nach
1 Minute mit 100 ml Weißwein ablöschen, 700 ml Wasser
mit Lauch- und Selleriestückchen zufügen, höchstens 20
Minuten kochen lassen und absieben.

Pasta mit Spinat und Oliven-Tapenade

500 g Muschelnudeln
400 g frischer Blattspinat
1 Schalotte, fein gewürfelt
1 EL Olivenöl
2 EL Pinienkerne, geröstet
Salz

Für die Oliven-Tapenade:
100 g grüne Oliven mit Paprika
50 g Sardellenfilets aus der Dose
1 EL Petersilie
1 EL Kapern
4 EL Olivenöl

1 Die Nudeln etwa 8 Minuten in reichlich
   Salzwasser gar kochen.
2 Die Zutaten für die Tapenade im Mixer fein mahlen.
3 Die Schalotte in einem Wok kurz in Olivenöl
   anbraten, Spinat zugeben und etwa eine Minute
   mitdünsten.
4 Den Spinat mit den Nudeln mischen
   und mit der Tapenade und
   Pinienkernen servieren.

Fusilli mit Broccoli und Pecannüssen

500 g Fusilli
600 g Broccoli, Röschen und Stiele
getrennt gekocht
2 EL Pecannüsse
1 EL Petersilie
4 EL Olivenöl
1 EL Parmesan, gerieben
2 Knoblauchzehen, durch die
Knoblauchpresse gedrückt
1 EL Zitronensaft
4 EL Brunnenkresse
Salz und Pfeffer

1 Die Nudeln etwa 8 Minuten in reichlich
  Salzwasser gar kochen.
2 Broccolistängel zusammen mit Pecannüssen,
  Petersilie, Olivenöl, Parmesan, Knoblauch und
  Zitronensaft mit dem Stabmixer fein pürieren. Mit
  etwas Salz und Pfeffer abschmecken.
3 Die Nudeln mit dem Broccolipüree, den
  Broccoliröschen und der Brunnenkresse mischen.

Tipp: Mit gehobeltem Parmesan garnieren.

Fettuccine mit Stielmus und Pinienkernen

500 g Fettuccine
300 g Stielmus (ersatzweise Rucola)
4 EL geröstete Pinienkerne
1 Schalotte, fein gewürfelt
2 EL Olivenöl
1 rote Chilischote, entkernt und
gehackt
2 EL Walnussöl
Salz

1 Die Nudeln etwa 8 Minuten in reichlich
  Salzwasser gar kochen.
2 Die Schalotte etwa eine Minute in Olivenöl
  anbraten, Stilmus hinzufügen und kurz mitbraten.
  Mit Salz und Chilischote abschmecken.
3 Das Stilmusgemüse mit den Nudeln mischen,
  Walnussöl darüber gießen und mit Pinienkernen
  bestreuen.

Makkaroni mit Zuckererbsen

500 g Makkaroni

300 g Zuckererbsen

2 Schalotten, fein gewürfelt

2 Knoblauchzehen, gehackt

2 EL Olivenöl

1 grüne Paprikaschote, in Würfel
geschnitten

8 Sardellenfilets

2 Eier (mit Omega-3-Fettsäuren
angereichert), hart gekocht, gehackt

Salz und Pfeffer

1 Die Nudeln etwa 8 Minuten in reichlich
  Salzwasser gar kochen.
2 Die Schalotte und den Knoblauch mit 2 EL
  Olivenöl im Wok kurz anbraten. Die
  Paprikawürfel dazugeben und etwa 1 Minute
  mitbraten.
3 Die Erbsen und Sardellen dazugeben und eine
  weitere Minute braten.
4 Die Erbsenmischung mit Salz und Pfeffer
  abschmecken und mit den Nudeln mischen.
  Die gehackten Eier darüber streuen.

Hauptgerichte

Mie-Nudeln mit Tempeh und Orange

250 g Mie-Nudeln (chinesische Eierbandnudeln)
300 g Tempeh, gewürfelt
Saft von einer Orange
2 EL (chinesische) Sojasoße
4 EL Sherry, medium dry
1 EL Leinöl
2 EL Olivenöl
4 cm frische Ingwerwurzel, in dünnen Scheibchen
2 Knoblauchzehen, in dünnen Scheibchen
2 rote Chilischoten, entkernt und in Streifen geschnitten
250 g Broccoliröschen
250 g Blumenkohlröschen
Salz

1 Den Orangensaft mit der Sojasoße, dem Sherry und dem Leinöl mischen. Die Tempehwürfel zufügen und etwa eine Stunde darin marinieren.
2 In einer großen Pfanne reichlich Salzwasser aufkochen und die Mie-Nudeln darin 4 Minuten quellen lassen.
3 Tempeh aus der Marinade nehmen. Olivenöl in einem Wok oder einer Pfanne erhitzen und die Tempehstückchen unter ständigem Rühren etwa 3 Minuten lang braten. Aus der Pfanne nehmen.
4 Ingwer, Knoblauch und Chili einige Sekunden bei niedriger Hitze anbraten.
5 Broccoli- und Blumenkohlröschen hinzufügen und drei Minuten mitbraten.
6 Die Marinade zugeben und etwa 2 Minuten durchkochen lassen.
7 Die abgetropften Mie-Nudeln unter das gebratene Gemüse rühren und eine weitere Minute unter Rühren braten.
8 Die Tempehwürfel darüber streuen und servieren.

Tipp: Hierzu passt gut ein Radieschensalat.

Kartoffeltörtchen mit Stielmus

500 g leicht mehlig kochende Kartoffeln,
geschält und gewürfelt
500 g Stielmus (oder Endivienblätter),
gewaschen
4 Schalotten, fein gewürfelt
2 Knoblauchzehen, gehackt
2 Eier (möglichst mit Omega-3-Fettsäuren
angereichert)
2 EL Frühlingszwiebeln, klein geschnitten
2 EL Schnittlauch, klein geschnitten
2 EL Olivenöl
4 EL Pinienkerne
Salz und Pfeffer

1 Die Kartoffelwürfel mit den Schalotten, dem Knoblauch und
   150 ml Wasser mischen.
2 Die Kartoffeln darin in etwa 15 Minuten garen, bis die
   Feuchtigkeit verdampft ist.
3 Die gekochten Kartoffelwürfel mit Eiern, Frühlingszwiebeln
   und Schnittlauch mischen.
4 Das Stielmus unter Rühren kurz in Olivenöl anbraten, mit
   Salz und Pfeffer abschmecken.
5 Die Hälfte der Kartoffelmischung in kleine Kuchenförmchen
   (für kleine Tartes) verteilen. Das Stielmus darüber geben
   und mit dem Rest der Kartoffelmasse abdecken.
6 Die Törtchen mit Pinienkernen bestreuen und bei 200 °C
   12 Minuten lang backen.

Tipp: Mit einem Salat aus frischen Kräutern und Tomaten servieren.

Geröstete Endivien mit Walnüssen und Blauschimmelkäse

2 Köpfe Endivien, in Spalten geschnitten
100 g Walnüsse, geröstet
100 g Blauschimmelkäse
4 Portabella-Pilze (große, braunfleischige Champignons)
6 EL Olivenöl
4 Knoblauchzehen, gehackt
4 Scheiben Körnerbrot
1 EL Petersilie
2 EL Zitronensaft
Salz und Pfeffer

1 Die Endivienviertel und die Portabellas etwa 10 Minuten lang in 4 EL Olivenöl, dem Knoblauch und etwas Salz und Pfeffer marinieren.
2 Endivien und Portabellas auf den Grill legen und schnell von allen Seiten bräunen. Die Brotscheiben kurz mitrösten.
3 Die Walnüsse hacken und den Käse in kleine Stücke schneiden. Mit 2 EL Olivenöl, Petersilie und Zitronensaft mischen. Die Mischung zu den Endivien und dem Brot geben.

Tipp: Mit einem Reissalat servieren.

Gegrillte Austernpilze mit grünem Pesto

400 g Austernpilze
4 Knoblauchzehen, in dünne Streifen
geschnitten
2 Zweige Rosmarin
4 EL Olivenöl
8 Cherrytomaten, halbiert
Salz und Pfeffer

Für das grüne Pesto:
80 g Rucola, geputzt
1 Knoblauchzehe, gehackt
4 EL Walnüsse
2 EL Walnussöl
3 EL Olivenöl
1 EL Balsamico

1 Austernpilze von den Stängeln befreien.
2 In die Köpfe der Pilze kleine Einschnitte machen
  und die Knoblauchstreifen hineinstecken.
3 Die so gefüllten Pilze auf die Rosmarinstängel
  legen und mit Olivenöl beträufeln.
4 Die Pilze mit den Tomaten zusammen etwa zehn
  Minuten (oder bis sie gar sind) unter den heißen
  Grill legen und mit Salz und Pfeffer abschmecken.
5 Die Zutaten für das Pesto im Mixer oder der
  Küchenmaschine mahlen und das Pesto zu den
  Austernpilzen servieren.

Kleine Nusskuchen mit Kräutern und Saurer Sahne

200 g Walnüsse
100 g Pistazien
100 g Pinienkerne
2 EL frische Kräuter (wie Schnittlauch
und Petersilie), gehackt
4 EL Saure Sahne
50 g Semmelbrösel
2 Schalotten, fein gewürfelt
2 Eier (möglichst mit Omega-3-
Fettsäuren angereichert)
50 g Sesamkörner
2 EL Olivenöl
Salz und Pfeffer

1 Die Nüsse und die Pinienkerne in der Küchenmaschine klein hacken und mit den Semmelbröseln, den Schalotten, 1 1/2 Eiern und etwas Salz und Pfeffer vermischen.
2 Aus der Nussmasse 8 kleine Bällchen formen und diese platt drücken.
3 Das verbleibende halbe Ei verschlagen und die Nusskuchen nacheinander durch das Ei und die Sesamkörner ziehen. Die Sesamkörner etwas andrücken.
4 Die Kuchen im Olivenöl etwa 5 Minuten lang knusprig braten.
5 Die Saure Sahne mit den Kräutern und etwas Salz und Pfeffer vermengen. Zu den Nusskuchen servieren.

Tipp: Lecker mit Mehrkornreis und einem Rucolasalat.

Gegrilltes Gemüse mit Auberginen-Nuss-Dipp

3 grüne Paprikaschoten, in Stücke geschnitten

2 Zucchini, in Scheiben

2 rote Zwiebeln, in Spalten geschnitten

8 Tomaten, halbiert

4 EL Olivenöl

Blätter von 4 Thymianzweigen

Salz und Pfeffer

Für den Auberginen-Nuss-Dipp:

1 Aubergine

3 EL Walnüsse, gehackt

2 EL Olivenöl

1 Knoblauchzehe, gehackt

500 ml griechischer Joghurt (oder normalen
Joghurt zwei Stunden in einem Tuch abtropfen
lassen)

Salz und Pfeffer

1 Die Gemüsestücke mit dem Öl, den Thymianblättchen und etwas Salz und Pfeffer vermischen.

2 Gemüse ca. 12 Minuten unter dem Grill braun braten lassen.

3 Den Auberginen-Nuss-Dipp zubereiten: kleine Löcher in die Aubergine stechen und diese mit Alufolie bedeckt auf ein Backblech legen. Für eine Stunde bei 180 °C in den Ofen stellen.

4 Die Aubergine häuten, entstielen und das Fruchtfleisch zerdrücken.

5 Olivenöl und Knoblauch darunter mischen.

6 Joghurt in einer Schale mit der Auberginenmasse, den Walnüssen und etwas Salz und Pfeffer mischen. Den Dipp mit etwas geröstetem Brot zu dem Gemüse servieren.

Fetatörtchen mit Spinat

200 g Fetakäse, zerkrümelt

700 g frischer Blattspinat

2 Schalotten, fein gewürfelt

3 EL Olivenöl

200 g Kidneybohnen, gekocht

2 rote Paprikaschoten, in Streifen
geschnitten

2 Knoblauchzehen, gehackt

2 Zweige Rosmarin

4 Pellkartoffeln

Salz und Pfeffer

1 Die Schalotten in 1 EL Olivenöl kurz anbraten. Den Spinat dazugeben und bei großer Hitze etwa 2 Minuten lang garen.

2 Den Spinat mit Salz und Pfeffer abschmecken und die Kidneybohnen dazugeben.

3 3 EL Olivenöl mit Paprika, Knoblauch, Rosmarin, Salz und Pfeffer mischen.

4 Die Kartoffeln schälen und in Scheiben schneiden. Ein Viertel der Kartoffelscheiben in einem Ring von etwa 10 cm Durchmesser auf einem gefetteten Backblech verteilen.

5 Etwas Spinat über den Kartoffeln verteilen, dann etwas Feta und darüber wieder Spinat und wiederum Feta.

6 Mit der Paprikamischung bedecken. Auf die gleiche Weise noch drei weitere Törtchen herstellen.

7 Die Törtchen bei ca. 180 °C ca. 14 Minuten lang überbacken.

Tipp: Die Törtchen können vorbereitet und kurz vor dem Servieren überbacken werden. Dazu schmeckt ein grüner Salat mit frischen Gartenkräutern.

Gedämpftes Gemüse mit Pilz-Tapenade

Für das Gemüse:

300 g Broccoliröschen

300 g Blumenkohlröschen

300 g grüne Bohnen

200 g Möhren, in Scheiben geschnitten

Für die Tapenade:

200 g gemischte Pilze, in Stücke
geschnitten

1 Schalotte, fein gewürfelt

1 Knoblauchzehe, gehackt mit 1 TL
grobem Salz

2 El Olivenöl

1 EL Petersilie, gehackt

2 EL Walnussöl

Salz und Pfeffer

1 Die Pilze mit der Schalotte und dem Knoblauch
   etwa 3 Minuten in Olivenöl anbraten.
   Mit Salz und Pfeffer abschmecken und abkühlen
   lassen.
2 Die abgekühlten Pilze mit der Petersilie und dem
   Walnussöl im Blitzhacker oder der
   Küchenmaschine vermengen.
3 Das Gemüse etwa 23 Minuten gar dämpfen und
   mit der Pilz-Tapenade servieren.

Tipp: Mit einem Risotto servieren.

Gratinierter Ziegenkäse mit Hülsenfrüchten

200 g Ziegenkäse, in vier Stücke
geschnitten
200 g Erbsen (möglichst frisch)
200 g weiße Bohnen, gekocht
6 EL Olivenöl
1 Knoblauchzehe, gehackt
2 EL glatte Petersilie
1 rote Chilischote, entkernt und
gehackt
1 EL Balsamico
Vollkornbrot
Salz

1 Die Ziegenkäsestückchen in eine tiefe Schüssel
  legen.
2 Aus 4 EL Olivenöl mit Knoblauch, Petersilie,
  etwas Salz und der Chilischote eine Marinade
  zubereiten. Die Marinade über den Käse geben
  und die weißen Bohnen zufügen.
3 Das Ganze etwa drei Minuten unter dem heißen
  Grill überbacken.
4 Die Erbsen etwa 10 Minuten gar kochen.
5 Die gekochten Erbsen mit 2 EL Olivenöl und 1 EL
  Balsamico mischen.
6 Die Erbsen und das Brot zur Ziegenkäse-
  Bohnen-Mischung servieren.

Tahoe mit Sojasoße und Frühlingszwiebeln

500 g Tahoe (Weichtofu), in Würfeln
von etwa 2 x 2 cm
2 EL Sojasoße
4 Frühlingszwiebeln, in Stücke
geschnitten
1 EL Olivenöl
2 cm Ingwer, gehackt
200 ml Gemüsebrühe oder Wasser
2 EL süße Bohnensoße
200 g Kidneybohnen
3 EL Möhren, in Scheibchen geschnitten
2 EL Leinöl, mit Pfeffer und
Knoblauch vermischt
1 TL Kartoffelmehl, mit 1 EL Wasser
vermischt
150 g Portulak
Salz

1 Olivenöl in einer Pfanne oder einem Wok erhitzen und den
  Ingwer kurz darin anbraten.
2 Gemüsebrühe, Bohnensoße, Sojasoße, Kidneybohnen und
  Möhren zugeben und bei großer Hitze 2 Minuten kochen
  lassen.
3 Die Tahoewürfelchen zur Soße geben und zunächst eine
  Minute bei großer Hitze, dann 15–20 Minuten bei
  niedriger Hitze schmoren lassen. Nach Geschmack salzen.
4 Die Frühlingszwiebeln mit der Soße mischen und nach
  Geschmack mit dem Leinöl und dem Kartoffelmehl binden.
5 Den Portulak untermischen.

Tipp: Mit gedämpftem Reis servieren.

Vegetarischer Gumbo (Cuisine Creole)

200 g Rosenkohl, geputzt

2 EL Olivenöl

1 Zwiebel, fein gewürfelt

6 Fäden Safran

2 EL Brandy

600 ml Gemüsebrühe

200 g Tomatenwürfel aus der Dose

1 Stängel Staudensellerie, in Stücke geschnitten

1 rote Chilischote, entkernt und fein gewürfelt

200 g weiße Bohnen, gekocht

2 EL Pinienkerne

1 EL Koriander, ohne Stiele

Salz

1 Den Rosenkohl blanchieren und etwa 2 Minuten im Olivenöl anbraten.

2 Die Zwiebel zugeben und 2 Minuten mitbraten. Safran zugeben.

3 Mit Brandy ablöschen und Gemüsebrühe zugeben.

4 Die restlichen Zutaten mit Ausnahme des Korianders zugeben und alles etwa 10 Minuten gar kochen. Nach Geschmack salzen.

5 Die Suppe auf tiefe Teller verteilen und mit Koriander garnieren.

Tipp: Eventuell die Suppe mit etwas Kartoffelstärke binden.

Ω

Grüner Reis

300 g Basmatireis
200 g getrocknete grüne Erbsen,
einen Tag lang in Wasser eingeweicht
1 Schalotte, fein gewürfelt
2 EL Olivenöl
1 Knoblauchzehe, klein gehackt
2 Chilischoten, entkernt und fein
gewürfelt
200 g frischer Blattspinat
1 Bund Koriander
1 Bund Petersilie
350 ml Gemüsebrühe
100 g Walnüsse
Salz

1 Die eingeweichten Erbsen etwa 40 Minuten in
  reichlich Wasser gar kochen.
2 Die Schalotte in 1 EL Olivenöl anbraten.
3 Knoblauch und Chili zugeben.
4 Spinat und Kräuter zugeben und 2 Minuten
  mitdünsten.
5 Die Mischung mit dem Stabmixer pürieren.
6 Den Reis in 1 EL Olivenöl glasig braten.
7 Mit Brühe ablöschen und 15 Minuten gar kochen.
8 Das grüne Püree zum Reis geben und etwa
  10 Minuten mitkochen. Eventuell mit etwas
  Salz abschmecken.
9 Den Reis mit Erbsen und Walnüssen servieren.

Pak Choi mit Broccoli

400 g Pak Choi, in Stücke geschnitten
200 g Broccoli, vorgekocht
2 EL Öl
8 Kemirinüsse, gehackt (Asialaden)
4 Limettenblätter oder Zitronenschale
3 Knoblauchzehen, fein gehackt
2 rote Chilischoten, in Streifen
geschnitten
1 EL Honig
100 ml Gemüsebrühe
1 TL Tamarindensaft
Salz

1 Den Pak Choi etwa 2 Minuten in Öl anbraten.
2 Nüsse, Broccoli, Limettenblätter, Knoblauch und
  Chili zufügen und etwa 2 Minuten mitbraten.
3 Honig mit Brühe und Tamarindensaft zufügen und
  alles etwa 6 Minuten garen lassen. Mit Salz
  abschmecken.

Tipp: Statt Broccoli kann auch Rosenkohl oder Blumenkohl
verwendet werden. Mit Reis servieren.

Falafel mit Tahincreme

2 TL Koriandersamen

2 TL Kreuzkümmelsamen (Cumin)

250 g Kichererbsen aus der Dose

250 g Blumenkohl, gekocht

2 rote Zwiebeln, fein gewürfelt

1 Bund Frühlingszwiebeln

2 Knoblauchzehen, gehackt

1 Bund Koriander, gehackt

50 g Semmelbrösel

7 g Trockenhefe

4 EL Olivenöl

Salz und Pfeffer

Für die Tahincreme:

150 ml Tahin (Paste aus geröstetem
Sesam, gibt es z. B. im Bioladen)

3 Zehen Knoblauch

150 ml Joghurt

2 EL Olivenöl

Saft von 2 Zitronen

Salz und Pfeffer

1 Die Koriander- und Kreuzkümmelsamen mit 1 TL Pfeffer in einer
heißen Pfanne rösten und fein zerstampfen.

2 Die Gewürze zusammen mit den anderen Zutaten im Mixer fein
mahlen und mindestens 40 Minuten ruhen
lassen.

3 Etwa walnussgroße Bällchen formen und
festdrücken.

4 Die Bällchen erneut etwa 15 Minuten ruhen lassen und dann ca.
5 Minuten in etwas Olivenöl goldbraun braten.

5 Die Zutaten für die Tahincreme vermischen und die Creme zu den
Falafelbällchen servieren.

Tipp: Dazu schmecken ein Endiviensalat, Tomaten und Fladenbrot.

Ω

Lachsforelle mit Kräutersoße

4 Lachsforellenfilets
4 getrocknete Tomaten, in 8 EL lauwarmen
Wasser etwa 10 Minuten eingeweicht
8 schwarze Oliven, klein gehackt
1 EL Kapern
1 EL Kapernsud
2 EL Olivenöl
Salz und Pfeffer

Für die Soße:
2 EL Basilikumblätter, gehackt
1 EL Petersilie, gehackt
1 EL Schnittlauch, gehackt
60 ml Olivenöl

1 Die getrockneten Tomaten fein hacken und mit der Einweichflüssigkeit, den Oliven, den Kapern und dem Kapernsud mischen.
2 Die Zutaten für die Kräutersoße mischen.
3 Die Fischfilets mit Olivenöl, Salz und Pfeffer einreiben.
4 Den Fisch bei 180 °C etwa 12 Minuten im Ofen backen oder in einer Pfanne braten.
5 Die Tomaten und die Soße zum Fisch servieren.

Tipp: Dazu schmeckt Pasta.

Gratinierte Lachsforellenröllchen

500 g Lachsforellenfilet, in großen
Stücken
2 Eiertomaten, enthäutet und ohne
Kerne, in Würfel geschnitten
1 EL Kapern
50 g grüne Oliven ohne Steine
1 EL Basilikum, klein geschnitten
120 ml trockener Weißwein
3 EL Olivenöl
1 Schalotte, fein gewürfelt
1 Knoblauchzehe, gehackt
500 g wilder Spinat (Guter Heinrich),
ohne Stiele
Salz und Pfeffer

1 Die Tomatenwürfel mit Kapern, Oliven und Basilikum mischen.
2 Die Tomatenmischung auf den Filets verteilen und diese
  aufrollen. Mit einem Holzstäbchen feststecken.
3 Die Fischröllchen in eine ofenfeste Schüssel legen, den Wein
  und 2 EL Olivenöl zugeben und die Schüssel mit Alufolie
  abdecken.
4 Das Ganze bei 150 °C etwa 20 Minuten in den Ofen geben.
5 Restliches Olivenöl in einer Pfanne erhitzen. Die Schalotte und
  den Knoblauch etwa eine Minute darin anbraten.
6 Den Spinat zugeben und unter Rühren etwa 1 Minute lang
  zusammenfallen lassen. Das Gemüse mit Salz und Pfeffer
  abschmecken.
7 Den Spinat zum Fisch servieren.

Tipp: Dazu schmeckt ein Risotto oder Kartoffelpüree, mit etwas Parmesan
verfeinert.

Tilapiafilet mit Walnüssen

4 Tilapiafilets à 150 g

50 g Walnüsse, gehackt

50 g Pinienkerne

80 g getrocknete Aprikosen, gehackt

1 EL Zitronensaft

2 EL Walnussöl

2 EL Olivenöl

1 EL glatte Petersilie

2 EL trockener Weißwein

Salz und Pfeffer

1 Die Nüsse und die Pinienkerne mit den
  Aprikosen, dem Zitronensaft, dem Öl, der
  Petersilie sowie etwas Salz und Pfeffer vermischen.
2 Die Fischfilets damit einreiben und in eine ofenfeste Form legen. Weißwein zugeben und bei
  180 °C 12 Minuten im Backofen garen.

Tipp: Mit Grünem Reis (siehe S. 137) servieren.

Knusprig gebratener Roter Knurrhahn mit Tomate

4 Filets vom Roten Knurrhahn à 150 g
6 Eiertomaten, in Würfel geschnitten
(die Strünke aufbewahren)
100 ml Fischbouillon
1 Schalotte, fein gewürfelt
1 Knoblauchzehe, gehackt
2 EL Olivenöl
1 EL Basilikum, fein geschnitten
2 EL Leinöl
Salz und Pfeffer

1 Die Fischbouillon mit den Tomatenstrünken zum Kochen bringen und 10 Minuten ziehen lassen. Bouillon abseihen.
2 Die Schalotte und den Knoblauch kurz in 1 EL Olivenöl anbraten, die Tomatenwürfel, 4 EL Fischbouillon sowie das Basilikum zufügen. Mit Salz und Pfeffer abschmecken.
3 Eine Pfanne mit Olivenöl einreiben und heiß werden lassen.
4 Die Fischfilets mit Küchenpapier trocken tupfen und mit 1 EL Olivenöl bestreichen. In der Pfanne etwa 8 Minuten lang braten, ohne sie zu bewegen oder zu wenden.
5 Die Fischfilets umdrehen und mit Salz und Pfeffer würzen.
6 Den Fisch mit der Soße auf vorgewärmten Tellern anrichten und mit Leinöl beträufeln.

Tipp: Dazu schmeckt geröstetes Weizenbrot mit Leinsamen.

Knusprig gebratene Sardinen mit Gemüse

600 g Sardinenfilets, gesäubert
1 Aubergine, in Würfel geschnitten
3 EL Olivenöl
1 Zucchini, in Würfel geschnitten
1 rote Paprikaschote, in Streifen
geschnitten
1 Schalotte, fein gewürfelt
1 Knoblauchzehe, gehackt
1 Zweig Thymian
200 g Kichererbsen aus der Dose
1 EL glatte Petersilie
Salz und Pfeffer

1 Die Aubergine etwa 3 Minuten in 1 EL Olivenöl anbraten.
2 Die Zucchini ebenfalls anbraten, danach die Paprika mit der Schalotte und dem Knoblauch braten.
3 Die Gemüsestücke mit Thymianblättchen, Salz und Pfeffer mischen.
4 Die Sardinen mit Olivenöl einreiben und in einer heißen Pfanne knusprig braten.
5 Die gebratenen Sardinen auf dem Gemüse servieren und mit Kichererbsen und Petersilie garnieren.

Sardinen in Rotweinsoße

12 Sardinen, filetiert und geputzt
200 ml fruchtiger Rotwein
1 EL Mehl
4 EL Olivenöl
2 Schalotten, fein gewürfelt
2 Knoblauchzehen, gehackt
150 ml Tomatenwürfel aus der Dose
1 Blatt Lorbeer
2 Zweige Thymian
2 EL Kapern
50 g kleine schwarze Oliven
Salz und Pfeffer

1 Die Sardinen mit Salz, Pfeffer und Mehl bestäuben.
2 Den Fisch in etwa 4 Minuten von beiden Seiten in 2 EL Olivenöl goldbraun braten.
3 Die Schalotte und den Knoblauch zugeben und 1 Minute mitbraten.
4 Den Wein und die Tomaten mit den Kräutern zugeben und das Ganze etwa 10 Minuten schmoren lassen.
5 Mit Olivenöl, Kapern und Oliven abschmecken.

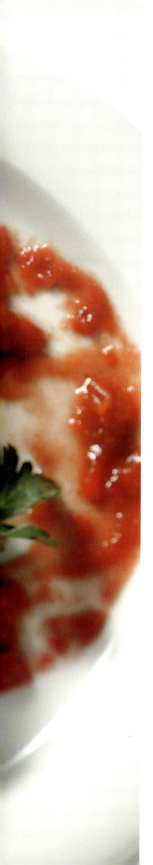

Ω

Makrele mit Sardellen und Oliven

4 Makrelenfilets
3 EL Olivenöl
8 Cherrytomaten, geviertelt
24 schwarze Oliven ohne Stein
12 Sardellenfilets
2 EL Tomatenwürfel aus der Dose
1 EL Rotweinessig
1 EL glatte Petersilie, fein
geschnitten
Salz und Pfeffer

1 Die Makrelenfilets trocken tupfen und mit etwas Olivenöl einreiben.
2 Eine Pfanne mit Olivenöl einreiben und heiß werden lassen. Die Filets etwa drei Minuten lang ohne Wenden knusprig braten.
3 Die Filets mit der gebratenen Seite nach oben in eine ofenfeste Form legen und mit Cherrytomaten, Oliven, und jeweils einem Sardellenfilet bedecken.
4 Die Tomatenwürfel mit Rotweinessig, den restlichen Sardellenfilets und 2 EL Olivenöl einkochen lassen.
5 Den Fisch im Backofen bei 180 °C etwa 12 Minuten garen.
6 Den Fisch mit der Soße servieren und mit Petersilie garnieren. Mit Salz und Pfeffer abschmecken.

Tipp: Dazu schmeckt Kartoffelpüree, mit etwas Olivenöl und Knoblauch verfeinert.

Gedämpfte Makrele mit Zitronengras

4 Makrelenfilets, gedämpft

4 Stängel Zitronengras, platt gedrückt

2 Schalotten, fein gewürfelt

2 Knoblauchzehen, gehackt

3 cm Ingwer, gehackt

2 EL Olivenöl

2 rote Chilischoten, eventuell entkernt und gehackt

200 ml Geflügel- oder Gemüsebrühe

2 EL Tamarindensaft

1 Die Schalotte mit Knoblauch und Ingwer kurz im Olivenöl anbraten.

2 Zitronengras, Chili, Brühe und Tamarindensaft zufügen und 10 Minuten mitschmoren lassen.

3 Die Fischfilets mit der Zitronengrasmischung einreiben, mit Alufolie abdecken und etwa 10 Minuten bei 160 °C in den Ofen geben.

Tipp: Dazu schmeckt Basmatireis.

Makrelenpäckchen aus dem Ofen

4 Makrelen à ca. 300 g
2 EL Olivenöl
0,5 dl Weißwein
4 EL Zitronensaft
200 g Möhren, in Streifen
geschnitten
200 g Staudensellerie, in Streifen
geschnitten
200 g Lauch, in Streifen
geschnitten
Salz und Pfeffer

1 Das Olivenöl mit dem Schneebesen aufschlagen
   und unter ständigem Rühren den Wein und den
   Zitronensaft in einem dünnen Strahl zugießen.
   Salz und Pfeffer unterrühren.
2 Die Makrelen unter fließendem Wasser waschen
   und mit Öl einreiben.
3 Die Gemüsestreifen mischen und die Makrelen
   damit füllen.
4 Das übrig gebliebene Gemüse auf vier Stücke
   Alufolie verteilen und jeweils eine gefüllte
   Makrele auf das Gemüse legen.
5 Die Folie fest zufalten, aber etwas Luft zwischen
   dem Fisch und der Folie lassen.
6 Die Päckchen bei 200 °C etwa 20 Minuten in
   den Ofen geben.

Tipp: Dazu schmecken Bratkartoffeln.

Geräucherte Makrele mit Tomatenconfit

4 Makrelenfilets, geräuchert

8 Tomaten

1 rote Chilischote, entkernt und
gehackt

1 Knoblauchzehe, gehackt

2 cm Ingwer, gehackt

1 EL thailändische Fischsoße

2 EL Honig

2 El Olivenöl

1 EL Rotweinessig

2 EL Korianderblätter

Salz

1 4 Tomaten mit Chili, Knoblauch, Ingwer und der
   Fischsoße fein mixen.
2 Die restlichen Tomaten in Würfel schneiden und
   dem Tomatenconfit zugeben.
3 Honig, 2 EL Olivenöl, Rotweinessig und etwas
   Salz zugeben und die Soße ohne Kochen 30
   Minuten ziehen lassen.
4 Die Makrelen bei 120 °C im Ofen etwa 8
   Minuten lang erwärmen.
5 Makrelen mit der Soße und dem Koriander
   servieren.

Tipp: Dazu schmeckt Couscous und ein Gurkensalat.

Lachs aus dem Ofen

4 Lachsfilets à 150 g

2 Schalotten, in Spalten geschnitten

100 g Cherrytomaten, geviertelt

1 rote Paprika, in Streifen geschnitten

4 Zweige Thymian

4 EL Olivenöl

2 EL Oliven, gehackt

Saft von einer Zitrone

2 EL glatte Petersilie, klein

geschnitten

Salz und Pfeffer

1 Den Fisch 20 Minuten in einer Mischung aus Schalotte, Tomaten, Paprika, Thymian, Olivenöl, Oliven und Zitronensaft marinieren.

2 Den marinierten Lachs etwa 12 Minuten lang unter dem Grill oder bei 220 °C im Backofen garen.

3 Mit Salz und Pfeffer bestreuen und mit Petersilie garnieren.

Tipp: Dazu schmecken weiße Bohnen.

Lachsfrikadellen

400 g roher Lachs (oder geräucherte
Lachsschnitzel)
4 Kartoffeln, gedämpft
2 Schalotten, fein gewürfelt
2 Knoblauchzehen, gehackt
2 EL Kerbel, gehackt
6 EL Semmelbrösel
1 rote Chilischote, entkernt und
gehackt
4 EL Olivenöl
Salz und Pfeffer
2 EL Olivenöl zum Braten

1 Alle Zutaten mit Ausnahme des Olivenöls zum
   Braten in einer Küchenmaschine mischen.
2 Aus dem Teig 12 Kugeln formen, diese etwas
   flach drücken und im Olivenöl knusprig braten.

Tipp: Dazu schmecken Spinat und gedämpfte Kartoffeln
oder Kartoffelpüree.

Ω

Holländischer Kartoffeleintopf mit Lachs

4 Lachsfilets à 150 g mit Haut

4–6 Kartoffeln

150 g Zwiebeln, fein gewürfelt

150 g Möhren, in Stückchen geschnitten

4 EL Olivenöl

1 Knoblauchzehe, gehackt

2 EL Oliven mit Paprika, gehackt

1–2 EL Zitronensaft

einige Zweige Schnittlauch

Salz und Pfeffer

1 Die Kartoffeln gar kochen. In den letzten 10 Minuten der Kochzeit Zwiebeln und Möhren hinzugeben. Die Kartoffeln aus dem Topf nehmen und schälen. Kartoffeln, Zwiebel und Möhren mit 3 EL Olivenöl und Knoblauch fein zerstampfen.

2 Die Lachsfilets mit 1 EL Olivenöl bestreichen und sie auf der Hautseite etwa 8 Minuten braten, bis sie gerade eben gar sind.

3 Den Lachs mit Oliven bestreuen und mit Zitronensaft beträufeln.

4 Die Fischfilets mit Salz, Pfeffer und Schnittlauch abschmecken und zum Püree geben.

Thunfisch mit Tomatensoße und frischen Kräutern

4 Thunfischfilets à 150 g
4 EL Tomatenwürfel aus der Dose
4 EL Kräuter (z. B. Petersilie,
Schnittlauch, Basilikum und Dill)
3 EL Olivenöl
2 EL Zitronensaft
1 Zwiebel, in Ringen
2 Knoblauchzehen, gehackt
2 dl Weißwein
8 Sardellenfilets
Salz und Pfeffer

1 Den Thunfisch 20 Minuten lang in 2 EL Olivenöl, Zitronensaft und etwas Salz und Pfeffer marinieren.
2 Die Zwiebel und den Knoblauch in 1 El Olivenöl glasig dünsten. Die Tomaten und den Wein zugeben und bei großer Hitze auf die Hälfte einkochen lassen.
3 Die Thunfischscheiben in eine ofenfeste Schale legen und mit Soße bedecken. Auf jede Scheibe kreuzweise zwei Sardellenfilets legen.
4 Die Schale bei 200 °C etwa 8 Minuten in den Ofen stellen.
5 Mit den Kräutern garnieren.

Tipp: Dazu schmeckt ein Salat aus grünen Paprikaschoten und Polenta oder Couscous.

Fischeintopf

8 mittelgroße Garnelen

400 g Rotbarschfilet, in Stücken

400 g Venusmuscheln (oder Miesmuscheln)

2 Schalotten, fein gewürfelt

20 cm Lauch, in dünnen Ringen

1 EL Staudensellerie, in Würfeln

2 Knoblauchzehen, gehackt

6 Fäden Safran

1 EL Olivenöl

8 Tomatenwürfel aus der Dose

2 Zweige Thymian

800 ml Fischbouillon

1 Schalottenwürfel, Lauch, Staudensellerie, Knoblauch, Safran und (ungeschälte) Garnelen etwa 3 Minuten im Olivenöl anbraten.

2 Tomatenwürfel, Thymian, Rotbarsch, Venusmuscheln und Bouillon zufügen. Die Suppe zum Kochen bringen und etwa 5 Minuten ziehen lassen.

Tipp: Die Suppe mit geröstetem Brot und Rouille servieren (für die Rouille 1 Eidotter, 1 Chilischote, etwas Petersilie, Salz und 120 ml Olivenöl mischen).

Hähnchenspieße mit Rosmarin

400 g Freiland-Hähnchenbrust in
Würfeln
1 EL Rosmarinnadeln
8 Cherrytomaten
1 rote Zwiebel, in Spalten geschnitten
1 grüne Paprikaschote, in Stücke
geschnitten
2 EL Olivenöl
2 Knoblauchzehen, gehackt
2 EL Zitronensaft
2 EL Leinöl
Salz und Pfeffer

1 Die Hähnchenwürfel und das Gemüse etwa 30
   Minuten in einer Mischung aus Olivenöl,
   Knoblauch, Rosmarin, Zitronen und etwas Salz
   und Pfeffer marinieren.
2 Hähnchenwürfel und Gemüse abwechselnd auf
   Holzspieße stecken.
3 Die Spieße etwa 7 Minuten auf den Grill legen
   bis sie knusprig und gar sind.
4 Die Spieße vor dem Servieren mit Leinöl
   bestreichen.

Tipp: Mit Röstkartoffeln und einem Salat servieren.

Hähnchenbrust mit Haselnüssen und Endivien

4 Freiland-Hähnchenbrustfilets à 150 g

100 g gehackte Haselnüsse

1 Endivienkopf, gewaschen und in

Spalten geschnitten

2 EL Olivenöl

1 EL Zitronensaft

2 EL Leinsamen

Salz und Pfeffer

1 Die Hähnchenfilets mit einer Mischung aus 1 EL Olivenöl, Zitronensaft, Salz und Pfeffer bestreichen.

2 Mit Haselnüssen und Leinsamen bestreichen und bei 150 °C für etwa 20 Minuten in den Backofen stellen.

3 Eine Pfanne mit Olivenöl bestreichen und heiß werden lassen. Die Endivienstücke darin bei großer Hitze bräunen, aber nicht ganz gar werden lassen.

4 Endivien mit Salz und Pfeffer abschmecken und zum Hähnchen servieren.

Tipp: Dazu schmecken schwarze Bohnen aus dem Reformhaus.

Hähnchenschnitzel mit grünem Paprika

12 Scheiben Freiland-
Hähnchenbrustfilet à 50 g
2 grüne Paprika, in Streifen geschnitten
4 EL Olivenöl
2 EL Pinienkerne
150 g grüne Bohnen
1 Schalotte, fein gewürfelt
1 Knoblauchzehe, gehackt
100 ml Geflügelbrühe
1 EL Zitronensaft
1 EL Petersilie
Salz und Pfeffer

1 Die Hähnchenstücke in einer großen Pfanne etwa
   3 Minuten in 1 EL Olivenöl anbraten.
2 Paprika, Pinienkerne und Bohnen zugeben und
   1 Minute mitbraten. Schalotte und Knoblauch
   zugeben und ebenfalls kurz mitbraten.
3 Geflügelbrühe, Zitronensaft und restliches
   Olivenöl zugeben und 2 Minuten schmoren
   lassen.
4 Das Hähnchen mit Salz und Pfeffer abschmecken
   und mit Petersilie garnieren.

Tipp: Mit Pasta und einem Tomatensalat servieren.

Ω

Pute mit Gorgonzola und rohem Schinken

8 Freiland-Putenbrustfilets à 60 g,
flach geklopft
4 EL Gorgonzola
4 große Scheiben roher Schinken
200 g frischer Blattspinat
1 Schalotte, fein gewürfelt
1 EL Olivenöl
100 g Walnüsse

1 Den Spinat mit der Schalotte etwa 1 Minute lang in Olivenöl anbraten.
2 Die Hälfte des gebratenen Spinats über die vier Putenfilets verteilen.
3 Darauf den Gorgonzola, die Walnüsse und dann den restlichen Spinat verteilen.
4 Mit den vier übrigen Putenfilets bedecken und jeden der vier Stapel fest mit einer Scheibe Schinken umrollen.
5 Die Röllchen bei 200 °C etwa 12 Minuten lang im Ofen gar werden lassen.

Tipp: Mit rotem Reis servieren und eventuell etwas mehr Spinat vorbereiten und dazureichen.

Lammspießchen mit Auberginen

4 Lammfilets à 150 g, in Streifen
geschnitten
16 Streifen Aubergine
2 Knoblauchzehen, gehackt
4 EL Olivenöl
Salz und Pfeffer

Für das Pesto:
Siehe Rezept auf S. 121

1 Die Fleischstreifen etwa 20 Minuten in einer
  Mischung aus Salz, Pfeffer, Knoblauch und 2 EL
  Olivenöl marinieren.
2 Die Auberginenstreifen mit Salz bestreuen und
  mindestens 45 Minuten stehen lassen.
3 Die abgetropften Auberginenstreifen abwaschen,
  mit Küchenpapier trockenreiben und mit 2 EL
  Olivenöl einreiben.
4 Die Auberginen und das Lammfleisch spiralförmig
  auf Holzspieße stecken.
5 Die Zutaten für das Pesto vermischen.
6 Die Spieße in einer Pfanne mit wenig Olivenöl
  braten. Das Pesto dazu servieren.

Tipp: Mit Tomaten und Röstkartoffeln servieren.

Lammkotelett mit Zuckerschoten

2 ganze Lammkoteletts
500 g Zuckerschoten, geputzt
1 EL Olivenöl
1 TL Honig
2 EL Leinöl
60 g Pistazien
1 rote Chilischote, entkernt und
gehackt
2 EL Zitronensaft
Salz

1 Die Zuckerschoten etwa 2 Minuten in reichlich
  Salzwasser blanchieren und abkühlen lassen.
2 Die Koteletts etwa 2 Minuten von beiden Seiten in
  Olivenöl anbraten.
3 Das Fleisch im Backofen 16 Minuten bei 150 °C
  weiter garen lassen. Anschließend salzen.
4 Die Zuckerschoten mit Honig, Leinöl, Pistazien,
  Chilischote und Zitronensaft mischen und kurz
  aufwärmen. Die Koteletts aufschneiden und zum
  Gemüse servieren.

Tipp: Dazu Bratkartoffeln reichen.

Lamm mit Rosmarin und Sardellen

2 ganze Lammkoteletts
8 Zweige Rosmarin
8 Sardellenfilets aus der Dose, in
kleine Stücke geschnitten
4 Knoblauchzehen, in dünnen
Scheibchen
Pfeffer

1 Das Fleisch einschneiden und diese kleinen
  Schnitte mit Sardellen, Knoblauch, Rosmarin und
  etwas Pfeffer füllen.
2 Die so gefüllten Koteletts 20 Minuten bei 190 °C
  im Ofen garen.

Tipp: Mit weißen Bohnen in Tomatensoße servieren.

Würzige Kaninchenkeulen

4 Kaninchenkeulen
1 EL Butter

Für die Marinade:
2 EL Olivenöl
8 Schalotten, fein gewürfelt
5 EL Zitronensaft
4 Lorbeerblätter
2 Gewürznelken
8 Scheiben Zitrone
200 ml Geflügelbrühe
Salz und Pfeffer

1 Die Kaninchenkeulen 4 Stunden in der Marinade ziehen lassen.
2 Die Keulen aus der Marinade nehmen und gut trocken tupfen. Schalotten ebenfalls aus der Marinade nehmen.
3 Die Butter in einer Pfanne schmelzen lassen und das Fleisch mit den Schalotten etwa 10 Minuten von allen Seiten gut anbraten.
4 Die Kaninchenkeulen mit den Schalotten in eine ofenfeste Form legen und die Marinade hinzugeben. Die Schale abdecken und für etwa 1 1/2 Stunden bei 140 °C in den Ofen geben.

Tipp: Für einen noch höheren Gehalt an Omega-3-Fettsäuren das Kaninchen mit einer grünen Kohlsorte oder Blumenkohl servieren.

Hirsch mit Mandel-Rosenkohl

400 g Hirschfilet am Stück
500 g Rosenkohlröschen
100 g Mandeln
1 EL Butter
4 EL Olivenöl
300 ml Rotwein
2 Stück Sternanis
1 Zimtstange
1 Gewürznelke
1 Schalotte, fein gewürfelt
1 EL Preiselbeergelee

1 Die Rosenkohlröschen in der Butter und 100 ml Wasser etwa 8 Minuten dünsten. Mandeln hinzugeben.
2 Das Hirschfilet in einer heißen Pfanne mit 1 EL Olivenöl etwa eine Minute von allen Seiten anbraten. Mit Salz und Pfeffer würzen.
3 Das Fleisch im Ofen bei 150 °C etwa 15 Minuten braten und danach in Scheiben schneiden.
4 Den Rotwein mit den Gewürzen und den Schalottenwürfeln auf etwa 100 ml einkochen.
5 Die Soße sieben und mit Preiselbeergelee und dem restlichen Olivenöl abschmecken.
6 Die Soße und den Rosenkohl zum Fleisch servieren.

Tipp: Für einen noch höheren Gehalt an Omega-3-Fettsäuren die Mandeln durch Walnüsse ersetzen.

Desserts

Schokowalnüsse

40 g Zartbitterschokolade
100 g Walnüsse
70 g Rohrzucker
30 g Kakaopuder

1 Den Zucker in einer großen Pfanne schmelzen
   und die Nüsse dazugeben.
2 Die Nüsse etwa eine Minute karamellisieren lassen und die Pfanne vom Herd nehmen.
3 Die Nüsse mit der Schokolade mischen und diese
   schmelzen lassen.
4 Zum Schluss den Kakaopuder einrühren.
5 Die Nüsse auf einem Teller abkühlen lassen.

Ω

Pinienkern-Pistazientörtchen

100 g Pinienkerne
50 g Pistazien
2 Eiweiße
1 Eigelb (alle möglichst von mit
Omega-3-Fettsäuren angereicherten
Eiern)
60 g Rohrzucker
1 EL geriebene Zitronenschale
2 EL Leinsamen

1 Eiweiß, Eigelb, Zucker, Zitronenschale,
  Pinienkerne und Pistazien mit 1 EL Leinsamen im
  Mixer vermischen.
2 Vier kleine Tarteförmchen mit Backpapier aus-
  kleiden und die Mischung darauf verteilen.
3 Die Törtchen mit den restlichen Leinsamen bestreuen.
4 Die Törtchen bei 180 °C in den Ofen geben und
  etwa 20 Minuten backen.

Apfeltörtchen mit Zitronensorbet

4 Äpfel (Elstar), geschält und in
Spalten geschnitten
4 Kugeln Zitronensorbet
80 g Spekulatius
1 EL Rohrzucker
1 EL Leinöl
100 g Pinienkerne, fein gehackt
2 EL Honig
2 EL Butter
2 Eigelbe (möglichst von mit Omega-
3-Fettsäuren angereicherten Eiern)

1 Die Spekulatiuskekse zerkrümeln und mit Zucker
   und Leinöl mischen.
2 Die Pinienkerne mit Honig, Butter und Eigelb
   vermischen.
3 Die Apfelspalten mit der Pinienkernmischung
   vermengen.
4 Die Spekulatiuskrümel auf 4 eingefettete
   Förmchen verteilen und mit der Apfel-
   Pinienkernmischung bedecken.
5 Die Törtchen im Ofen bei etwa 180 °C etwa
   30 Minuten backen.
6 Noch warm mit einer Kugel Zitronensorbet
   servieren.

Tipp: Dazu schmeckt auch ein Buttermilchsorbet: 100 ml
Sekt mit 2 EL Honig und 2 EL Rohrzucker mischen. Kurz
aufkochen und abkühlen lassen. Dann 250 ml Buttermilch
in die Mischung einrühren und das Ganze einfrieren.

Apfelratatouille mit Walnüssen

4 Äpfel (je 2 Elstar und Granny-
Smith)
100 g Walnüsse
Saft von 1 Zitrone
1 TL geriebene Zitronenschale
2 EL Preiselbeeren
2 EL Ahornsirup oder Apfelkraut

1 Die ungeschälten Äpfel in Spalten schneiden und
  sofort mit Zitronensaft und geriebener
  Zitronenschale vermischen.
2 Die Preiselbeeren und den Sirup unterrühren.
3 Mit Walnüssen garnieren.

Tipp: Dazu passt sehr gut Ziegenkäse, aber auch griechischer Joghurt oder Dickmilch.

Ω

Schokomuffins

60 g Schokolade
2 EL Butter
4 EL Leinsamen
3 El Honig
2 Eier (möglichst mit Omega-3-
Fettsäuren angereichert)
2 EL Rohrzucker
50 g Mehl
1/2 TL Vanillezucker
1 Messerspitze Salz
35 g Walnüsse, gehackt

1 Die Schokolade bei niedriger Hitze mit Butter und
  Leinöl schmelzen.
2 Den Topf vom Herd nehmen und die geschmolzene
  Schokolade mit Honig mischen bis es eine gleich-
  mäßige Masse ergibt.
3 Die Eier mit dem Rohrzucker mit dem Rührgerät
  schaumig schlagen.
4 Die Schokoladenmasse unter die Eier rühren und
  Mehl, Vanillezucker und Salz zufügen.
5 Acht Muffinförmchen mit der Mischung füllen und
  die Walnüsse darüber verteilen.
6 Die Muffins bei 160 °C etwa 20 Minuten backen.

Früchte mit Zabaione

400 g frische Früchte (etwa Pfirsich,
Melone, Erdbeeren, Ananas,
Waldbeeren), gewaschen
4 Eigelbe (möglichst von mit Omega-3-
Fettsäuren angereicherten Eiern)
4 EL Zucker (weißer Haushaltszucker)
4 EL Marsala (oder anderer Süßwein)
4 Löffelbiskuits

1 Die Früchte in mundgerechte Stücke schneiden
  und in vier hohe Gläser oder auf Teller verteilen.
2 Mit einem Rührgerät die vier Eigelbe und Zucker
  verrühren, bis sie eine dickflüssige weiße Masse
  bilden.
3 Die Rührschüssel so in einen Topf mit kochendem
  Wasser stellen, dass die Unterkante der
  Rührschüssel gerade eben nicht ins kochende
  Wasser hineinreicht.
4 Den Marsala Löffel für Löffel einrühren
  und weiterrühren, bis die Mischung
  dickflüssig geworden ist.
5 Die Zabaione über die Früchte
  verteilen und mit den Löffelbiskuits
  garnieren.

Walnüsse mit Blauschimmelkäse

150 g Walnüsse
150 g Gorgonzola
2 EL Ricotta

1 Gorgonzola und Ricotta mischen.
2 Die Käsemischung zu kleinen Bällchen formen
   und von beiden Seiten eine Walnusshälfte
   dagegen drücken.

Fruchtsalat mit Minze und Leinsamen

1 Honigmelone, geschält und in Spalten
geschnitten
2 Birnen, geschält und in Spalten
geschnitten
2 Äpfel, geschält und in Spalten
geschnitten
3 Orangen
Blätter von 8 Zweigen Minze
2 EL Leinsamen
1 EL Rohrzucker
200 ml starker grüner Tee
1 EL Honig

1 Leinsamen mit dem Zucker in einen Topf geben
und diesen zudecken. Auf den Herd stellen und
die Leinsamen 12 Minuten lang puffen lassen.
Den Topf vom Herd nehmen, wenn der Zucker
anfängt zu riechen und die Leinsamen sofort auf
Backpapier ausbreiten.
2 Kopf und Boden von den Orangen abschneiden,
sie aufrecht halten und die Schalen von oben
nach unten bis aufs Fruchtfleisch abschneiden.
Die geschälten Orangen filetieren und dabei den
Saft auffangen.
3 Die Früchte zwei Stunden in einer Mischung aus
dem Tee, Honig, Minze und Orangensaft marinieren lassen. Mit den gepufften Leinsamen garnieren.

Biscotti mit Pinienkernen

3 Eiweiße (möglichst von mit Omega-3-
Fettsäuren angereicherten Eiern)
80 g Rohrzucker
125 g Mehl
125 g Pinienkerne

1 Die Eiweiße steif schlagen und langsam den
  Zucker unterrühren.
2 Mehl und Pinienkerne untermischen.
3 Den Teig auf einem Backblech ausrollen und bei
  180 °C im Ofen etwa 30 Minuten backen.
4 Den Kuchen abkühlen lassen.
5 Den Kuchen in sehr dünne Scheiben schneiden.
6 Die Scheiben bei 135 °C etwa 20 Minuten knusprig backen.

Tipp: Wenn man den abgekühlten Kuchen in Plastikfolie
wickelt, hält er sich etwa drei Tage im Kühlschrank oder
einen Monat im Gefrierfach.

Register